こどものみらい叢書 5

子育ての常識から自由になるレッスン

おかあさんのミカタ

高石恭子

世界思想社

はじめに

「子育ては楽しい」のワナ

「子育ては楽しいですか？」

乳幼児健診や子育て中の親への意識調査で、必ずこう質問されるようになったのはいつ頃からでしょうか。あなたが小さなお子さんを育てている方なら、どう答え、そのときどんな気持ちがこころのなかで動くのを感じるでしょうか。

私は一九九〇年代に二人の娘の子育てをし、あとはそれぞれの背中を見送ればよい地点にさしかかりました。今なら二〇年前をふりかえって、「あのときは楽しかったなぁ」と思いだせる場面はいくつも浮かびます。でも、子育てが楽しかったかと問われると、二択や三択で答えられるような単純な営みではないと言いたくなります。子育て中の当時はなおさら、このありふれた質問に出会うたびに、むくむくと、違和感と反発がこころの奥からわきおこるのを感じたものでした。

一九九〇年代といえば、まだインターネットもスマートフォンも一般には普及していない時代です。必要な情報は人づてか出版物から得るのが主な方法で、書店には、天使のように微笑む赤ちゃんを表紙にしたカラフルな雑誌が並んでいました。今思えば、ちょうど一九九〇年に「一・五七ショック」という、前年の合計特殊出生率（ひとりの女性が生涯に産む子どもの数）が過去最低だった丙午《ひのえうま》の年を下回った衝撃を表す言葉がメディアを賑わし、政府は出生率低下を食いとめるためにさまざまな戦略を展開しはじめた時期でした。国民に危機感を抱かせ、若い女性に「子どもはかわいい」「子育ては楽しい」というイメージを浸透させて、子どもを産みたい気持ちになってもらおうというのもその作戦のひとつだったと私はあとから気づいたのですが、もちろん当時そんなことは想像のはるか彼方です。「子育ては楽しい」と答えるのが当然という暗黙の前提は、多くのおかあさんのこころを縛りつけていたように思います。

「母という幸せ」は絶対？

母親になって最初に私が感じた言いようのない居心地の悪さのようなものは、今でもありありと思いだせます。出産した病院から自宅に戻ってまもなく、親戚はもちろん、近所の年長の女性が次々と訪れて、「今が最高のときね！」「幸せでしょう！」と祝福してくれたのですが、それらの言葉のシャワーは、どうしても私のこころにすっと入ってきませんでした。無事わが子と出会えたことへの感謝の気持ちは人一倍もっているつもりでも、「母という幸せ」は絶対的な価値であり、その価値を傷つけるような言葉は一切発するなと言われている気がして、なにか違うと感じながら、ただ黙って笑顔でいるしかなかったのです。

私の抱いた違和感や息苦しさ、封じこめられたさまざまな感情は、おそらく現代を生きる多くの女性が母親になったときに遭遇する普遍的なものの一部であろうと思います。母親であるということは、自分の人生の一部であってすべてではありません。母子保健の領域では、母親と乳児の関係をハネムーン期の恋人同士にたとえた「母子カップル」という言葉がありますが、一日のほとんどを言葉の通じない乳児と二人きりですごす生活は、大人のカップルの幸せな蜜月とはほど遠い経験です。喜びもあるでしょうけれども、この時期の女性にとって、母親になる前の自分を喪失した寂しさや戸惑いもきっとあるはずなのです。

臨床心理学との出会い

私は幼い頃から、人が見ている世界ではなく見えていない世界に関心をもち、人が語る言葉よりも語られない反面に耳をすますようなところのある子どもでした。小学校の頃、人がいつか「死ぬ」ことに気づいて、毎夜、自分の人生のさまざまな終わりを空想することに夢中になっていた時期があります。もし、当時の私のこころのなかで展開している物語を大人がのぞき見たとしたら、変わった子どもだと思うか、心配したことでしょう。でも、死の側から自分の人生を眺めるのは、私にとって尽きない魅力を感じる内的世界の冒険でした。

その後、私は大学で臨床心理学という学問に出会い、人の意識は無意識という広大で深遠な海に浮かぶ氷山の一角にすぎず、意識と無意識、自我と自己、といった二極の相克をとおして、人は一生をかけて「個」としての自分になっていくのだという人間観にふれ、そのようなプロセスに寄りそう仕事をしたいと考えるようになったのです。臨床心理学の「臨床」とは、死の床に臨む（付きそう）という意味です。まさに死の側から、病の側から、闇の側から、一般的にはネガティブとされる価値の側から、人間をまなざし、理解しようとする視座（見方《ミカタ》）を意味しています。

私は大学院に進み、心理療法の実践家になる訓練を何年か受けたのち、子どもの療育教室、精神科病院、大学付属の相談室や現在の職場である大学の学生相談室などで三〇年以上にわたって心理士（カウンセラー）として働き、今に至ります。

そのような、人のこころに寄りそう仕事に携わる者の責務のひとつとして、私は、自分自身の子育てや、多くの女性の語りに耳を傾けてきた経験のなかから、母親になるという主観的体験のありのままを、もっと言葉にして伝えていきたいと考えるようになりました。

いのちを育てる重圧

この本を書くにあたって、私はクローゼットの箱のなかで眠っていた娘たちの育児日誌を掘りだし、読みなおしてみました。育児日誌といっても、おそらく一般に想像されるような、かわいい赤ちゃんの写真やイラストがちりばめられたロマンティックな日記とはほど遠いものです。二人ともほぼ産後休業明けから赤ちゃんホーム（私が住んでいる市が設置している家庭的保育施設で、当時は個人の居宅でした）と保育所に預けてフルタイムで働いたので、重要なのは、預け先の先生方にわかるように、いつ眠り、母乳やミルクを何ｃｃ飲み、どんなウンチがどれくらい出たか、体温は、といった健康上のこまかい情報の記載でした。月齢が進むと、どんな姿勢がとれたか、どんな言葉が出たか、家族やお友だちとどんなやり取りがあったかを知らせる交換日記のような内容になっていきます。とくに長女の場合は、阪神・淡路大震災で避難先の保育所にお世話になった半年を含め、ほぼ二歳まで、一日ももらさず成長の様子が記されていました。

なによりも驚いたのは、健康優良児と言われた娘たちが、なんてしょっちゅう感染症で熱を出し、湿疹が出、病院へ行き、ぐずって泣いていたかという事実です。毎日外出し、ほかの子どもと接触するので無理もないのですが、「そんなに小さいうちから預けるからだ」という誰かの言葉が脳裏に響いていたことをぼんやり思いだします。さらに、かかりつけの小児科の先生には

「やせすぎ、もっとミルクを」と叱られ、助産師さんには「体重が増えなくても母乳だけを」と指導され、私にとって子育ての最初の数年間は、楽しいどころか、小さないのちを育てる重圧に押しつぶされないよう右往左往しながら、必死に取りくむ日々の連続でした。

「子育ては楽しい」というイメージは、一度はまると抜けだせないワナのようなものだとあらためて思います。もちろん、子どもが大好きで、子育てを心底楽しんでいる人がいることを否定したいわけではありません。もし子育ては「楽しくない（こともある）」と答えたら、いずれ子どもを虐待すると思われるのではないかと不安になったり、子育てを楽しめない自分は母親失格だという罪悪感を抱いたりしてしまうような、社会からの暗黙のプレッシャーに気づかず支配されることがおそろしいのです。

変わらない母親へのまなざし

二〇二一年の今日、子育てをめぐる政府の施策や子育てに用いられるツールも私の子育て当時とはずいぶん変わりました。最も大きな変化は、インターネットが生活の隅々に浸透し、人々がモバイル端末を肌身離さず持ち歩くようになったことでしょう。最近は、レストランで談笑する大人たちのかたわらで、幼児や小学校低学年ぐらいの子どもが膝の上においたタブレットに見入っている光景をよく目にします。電車のなかで、ベビーカーに乗せられた赤ちゃんがスマートフォンで動画を見ている光景も同様です。公共の場でしばしの間わが子に静かに遊んでいてもらうのに、新しいツールの効力は絶大のようです。また、モバイル端末があれば、親はどこにいても必要な情報にすぐアクセスできます。旅行先でわが子が急に熱を出しても、近くの小児科が瞬時に検索でき、評判まで読むことができます。

一方、スマホやタブレットを子どもに与える「母親」に対して人々が向けるまなざしは、一世代、二世代前となにも変わらないのではないでしょうか。絵本を読み聞かせる代わりに電子絵本を与えて画面をスワイプさせるなんて、と。そして多くの母親も、周囲に迷惑をかけて厳しいまなざしにあうことを避けるためにそのようなツールを使う自分に後ろめたさを感じ、罪悪感と密かに闘っているのです。

無意識に「母親とはこう感じるもの、こうあるもの」という美化された幻想に縛られているほど、子育ては息苦しいものになっていきます。子育て支援の現場で若いおかあさんたちと話していると、その状況は今もあまり変わらないように感じます。たとえば、「女性には母性本能があるから、男性よりも子育てに向いている」「お腹を痛めて産んだ子なら、かわいいはずだ」「三歳までは、母親の手で育てるのが一番である」といった、いわゆる子育ての「常識」（科学的な根拠のない世間の通念）を信じている母親は想像以上に多く、また私があげた常識リストのうち多くを信じているおかあさんほど、子育ては「つらい」と吐露します。

おかあさんのミカタを変える

未来を生きる子どもたちが健やかに育っていくためには、なによりも、育てる側の大人のこころが自由で、豊かで、生き生きとしていなくてはなりません。そのためには、まず私たちが「おかあさん」に対して無意識のうちにもっているミカタ（見方）を問いなおし、それがどこから来るのかを理解することが必要です。またそういったまなざしにとらわれて、ひとりひとりの母親が自分自身に対してもってしまうミカタについても、もっと別の視点から見なおすことが必要でしょう。

子育ての方法はどんどん変わっても、人が母親というものに対して抱く思いこみや、母親自身が体験するこころの世界はそう簡単には変わりません。それらをできるだけ丁寧に言葉にしていくことをとおして、おかあさんのミカタを問いなおしたいという本書の試みが、子育て中のおかあさんやおかあさんを取りまく少しでも多くの人々のミカタ（味方）となり、ふっとこころが自由になる瞬間を共有してもらえたらと願います。

子育ての常識から自由になるレッスン

おかあさんのミカタ

もくじ

新米おかあさんの経験

頑張らない子育て

装画・扉イラスト　高石瑞希

新米おかあさんの経験

第1章 赤ちゃんとの出会い

おかあさんもまた「生まれる」

核家族化と少子化の進んだ現代の生活では、身近に生まれたての赤ちゃんを目にしたり、その世話を任されたりすることは、めったにありません。田舎から都市部に出てきて会社勤めする父と専業主婦の母のもとで一人っ子として育った私も、例にもれず、自分が母親になるまで赤ちゃんのおむつを替えた経験もありませんでした。私の成長期はまさにわが国の高度経済成長期と重なっていて、「これからの時代は、女も男も(関係)ないのよ」が口癖だった母の方針に沿って勉学に励み、仕事に就き、結婚もしたけれども、出産や育児というのはどこか遠い世界のことのように感じられていたのです。

「わが子」を初めて想像するとき

私が「わが子」を想像するようになったのは、母が六〇歳を迎えた直後に病気で亡くなった葬儀の場でした。それまでにも、祖父母や親族の葬儀に参列する機会は何度もあったのですが、きょうだいの多い時代に生まれ寿命をまっとうした高齢者の葬儀は、親族の思い出語りの飛びかうにぎやかな集いの様相を呈していました。一方、いつか自分自身が高齢になり見送られる側になったとき（たいてい妻のほうが夫より長寿ですから）、きょうだいのいない私の思い出を共有し、語ってくれる家族は誰もいないのではないかという考えが、稲妻のように脳裏にひらめいたのです。

それが、私とわが赤ちゃんとの初めての出会いです。まだ顔も、性別も、名前もなにもない、しかし理屈や計画ではなく、わが子という「存在」を真摯に求める、新たな自分が誕生した瞬間でもあったと思います。

女性は、出産したときに、初めてわが子と出会うわけではありません。私の例はいくぶん特殊かもしれませんが、「女性なら子どもをもつことが当然」ではない今日、人生のどこかで、なにかの瞬間に、あるいはいつの間にか、内的空想（ファンタジー）のなかで、多くの女性はまずわが赤ちゃんと出会うのです。

お腹の赤ちゃんとの出会い

次の出会いは、妊娠がわかったときです。やっと会えた、偶然出会った、不意に遭遇してしまったと、さまざまな出会い方があるでしょうけれども、いずれの場合も、より個別的なわが子と出会い、女性は「母親になる」というもう戻れない橋を渡りはじめたことを悟ります。

超音波診断の技術が発達し、私たちはお腹のなかの赤ちゃんの画像をかなり詳細に見ることができるようになりました。しかし、それはあくまでも、わが赤ちゃんのイメージをつくっていくうえでの、ひとつの材料にすぎません。身近に赤ちゃんと接する機会の減った今日の女性はしばしば、幼少期の記憶や、テレビや雑誌に登場する天使のような姿を手がかりにしてわが子の像を育て、関わっていきます。

乳幼児とその母親の観察と治療に何十年も携わり、自身も五人の子どもの父親であった著名なアメリカの精神医学者ダニエル・スターンは、『母親になるということ――新しい「私」の誕生』という一般向けの著書（ナディア・B-スターン、アリソン・フリーランドとの共著／北村婦美訳、創元社、二〇一二年）で、生まれる前の赤ちゃんとおかあさんがどう出会い、関係を育むかという心理的なプロセスについて、丁寧に描写しています。

スターンによれば、妊娠を知った女性は、さまざまな手がかりから想像上のわが赤ちゃん像をつくりあげますが、そこには無意識的な投影（期待や思いこみ）が必ずはたらきます。温かい家族のなかで育ち、待ち望んで妊娠した女性にとっては、赤ちゃんは自分の期待を叶えてくれる希望の星のようなイメージで描かれるでしょうし、母親からあまり顧みられず育ち、仕事に生きようとしていた女性にとっては、赤ちゃんは自分の人生に割りこんできた邪魔者のようにイメージされるかもしれません。また、自分が母親に顧みられずに育ったからこそ、赤ちゃんは自分の寂しさを埋めてくれる救世主のような理想化されたイメージで描かれることもありえます。

ふりかえると、私の場合、最初に出会った想像上のわが赤ちゃんのイメージは「同志」でした。すでに亡き母親から、自立した女性として生きることを託されていた（と感じていた）私にとって、その人生をともに闘ってくれるたくましい存在であってほしいという期待が大きかったのです。思えば、産前産後の休みも最小限しかとらず、妊婦としては無茶なこともたくさんしていました。きっと、実際のお腹のなかの赤ちゃんにしてみれば、いい迷惑だったことでしょう。ちなみに、二人目のときのイメージは、「贈りもの」でした。リボンを解くのが楽しみといった感じで、だいぶ肩の力が抜けていたように感じます。

母親として生まれる

子育てというと、身二つになってからの現実の世話や、付随する気持ちの問題がもっぱら俎上に載せられがちですが、じつはそれよりもずっと前に、こころのなかで赤ちゃんと出会い、育てるという母親の営みがはじまっていることをもっと大切に考えたいと私は思います。スターンは、女性はこの内的な作業を含めたプロセスを歩むことによって「母親として生まれる」、つまり根本的に違う存在になると気づいた、と研究生活の締めくくりに出版された『母親になるということ』の冒頭に書いています。もし本書を読んでいるあなたが出産を控えていて、心身になにかつらさや不安を感じているなら、想像上のわが子と自分の関係になにが起きているのかを少し意識して考えてみると、回復へのヒントが見つかるかもしれません。

たとえば、完璧主義の母親に育てられ、その理想に近づこうと頑張って生きてきた女性が妊娠したとき、「とても自分はお腹のなかの素晴らしい赤ちゃんの理想的な母親にはなれない」と自信を失い、重荷に感じてしまうということがあります。逆に、母親から疎んじられ、自分は母親を困らせるよくない存在だという罪悪感を抱えてきた女性が妊娠したときには、お腹のなかの赤ちゃんが自分を困らせる存在のようにイメージされ、産むことに前向きな気持ちになれないといったことが起きます。いずれも、妊娠中のあなたが描いているのは、過去のあなたの経験がもたらした「想像上の赤ちゃん」であり、現実のお腹にいる赤ちゃんとはまったく別物です。過去からの亡霊にとらわれていないかと自問してみることは、不安の呪縛から解放されるきっかけになるでしょう。

母親となった多くの女性の語りからスターンが見いだしたことで、私が一番おもしろいと感じるのは、妊娠した女性は八～九か月目になると、「詳しく思い描かれたこの想像上の赤ちゃんを、取り消しにかかる」という出産前の内的なプロセスです。心理学の用語では、「投影の引き戻し」と呼ばれる心のはたらきです。理想のイメージ（天使や英雄）にせよ、否定的なイメージ（邪魔者や不安の源）にせよ、空想にとらわれていては分娩という現実の危機に対処できないため、本能的に幻想から醒めるようにできているのだというわけです。

思い当たることは、私にもありました。恥を忍んで打ち明けると、私は「同志」であるわが赤ちゃんが、妊娠中期まで、臍と臍同士、紐帯でしっかり自分と結びついていると想像していたのです。空想（ファンタジー）というのは不思議な威力をもっています。たとえば、結構大きくなった子どもがサンタクロースを信じていることがあるように、外的な現実の認識と、内的な現実の認識とは、別次元で併存しうるということです。すでに保健の時間に女性の身体構造について学び、わが子のエコー写真を何度も眺め、知識としては「知って」いたにもかかわらず、堂々と、自分の臍の内側に延びる紐帯の先に臍でつながる赤ちゃんを何か月もこころの目で確かめていたのです。それが、直接のきっかけは忘れましたが、ひとりでいたある瞬間、魔法が解けたようにはっと我にかえりました。赤ちゃんの臍がつながっているのは、子宮のなかの胎盤です。そんな子どもみたいなファンタジーに浸っていた自分が恥ずかしいのはもちろんですが、戦友との紐帯を断ち切られて、なにか寂しいような、不思議な気持ちになったことを覚えています。

わが子との対面

そして、出産をへて、わが子と対面するという出会いがやってきます。女性は、まず未来のわが子と出会い、次にお腹のなかのわが子と出会い、その次にひとりの人間として生まれでたわが子と出会うというふうに、いくつものステップをへて母親に生まれ、母親として成長していきます。その過程で、たとえば理想の赤ちゃんを自分で思い描いたり、親族から期待されたりしていた女性がなにかの事情で早産するという事態が生じたとき、「投影の引き戻し」が間に合わず、現実に出会ったわが子とのギャップに傷つくということが起きてしまいます。早産であればあるほど、保育器のなかでたくさんのチューブにつながれている小さな姿を見ることになるでしょうし、つややかな肌とピンクの爪をもった「想像上のわが子」とはほど遠い現実のわが子にショックを受けるでしょう。

このとき必要なのは、目の前の現実（たいへんな育児）に向きあうことを励ますより前に、失った「想像上の赤ちゃん」を悼み哀しむ母親のこころに寄りそう、周囲の人々の理解です。現実のわが子と出会うための十分なこころの準備（投影の引き戻し）の期間を与えられず、早産した女性は、どんな事情でそうなったにせよ、生まれるかもしれなかった理想のわが子の母親になる機会を失ったことに苦しみ、自分を責めてしまいます。その傷つきと哀しみを乗り越えた先に、やっと目の前のわが子との出会いが待っているのです。

このように、母親になる、つまりわが赤ちゃんと出会い、自分自身も新たな存在に「生まれる」ということには、奥深く、多様な経験が含まれています。暗い産道を抜けた先に光があるように、母親として生まれることも、拘束ではなく新たな世界への解放としてイメージすることができればと願います。

第2章 おっぱいのしもべ？

近づきすぎるとそれしか見えない

いくらテクノロジーが発展し、子育てを楽にする機器や情報が周りにあふれるようになっても、おっぱいをあげることだけは母親が昔と変わらず生身で行わなければいけません。出産という一大事を終えたと安堵するのもつかの間、生まれたての赤ちゃんが小さな口を開けて「ほぇぇ」とぐずりはじめると、奥のほうからつきあげてくる乳汁の勢いに乳房がツンと疼《うず》き、女性は自分のからだの一部が自分のコントロールの及ばないリズムを刻みはじめたことを実感します。そして、ここから、母親になった日本の女性の多くは、巷にあふれる「至福の母子像」の実現を目指して、「おっぱい」をめぐるさまざまな努力をはじめることになります。一時期よりも少し緩やかになったとはいえ、社会から母親への「できるだけ母乳で育てるように」という期待は、絶大な力をもっています。

出ない、痛い、泣かれる、泣ける

この「おっぱい」問題に関して私自身はどうだったかというと、最初は〝出ない、痛い、泣かれる、泣ける〟という格闘の連続でした。

自然分娩で、産後は母子二人の病室で一週間すごしたのですが、入れかわり立ちかわり、助産師さんや看護師さんが訪れて熱心に授乳指導をされました。まったく出ないわけではありませんでしたが、わが子のお腹を満たすには足りず、長く吸いつかれているうちに乳首はすりきれ、授乳は私にとって至福の時間どころか、激痛に耐え、情けなさに泣けてくる、修行のようなものだったのです。

退院して自宅に戻ってからも、私の困惑は続きました。おっぱいが足りないと知ると、心配したお義母さんが「鯉こく」（鯉を輪切りにして味噌で煮込んだ地方料理で、母乳の出がよくなると言い伝えられている）をつくってやってきて、栄養価の高い食事をたくさんとるようにとすすめます。一方、病院の産後健診では、医師から「増えすぎた体重をもっと減らしなさい」と、食事制限を言いわたされるという具合です。そこで「やせないといけない」と周囲に嘆くと、「おっぱいを出せばやせるはず」と返されるのです。

ともかく「なんとかして母乳をもっと出さないと」という思いで、先輩ママに紹介された桶谷《おけたに》式の母乳育児相談室に通うことにしました。仰向けの状態で受ける手技《しゅぎ》による施術はとても気持ちよく、助産師さんが熱い蒸しタオルで温めた私の乳房をもみほぐすと、天井に向けてすごい勢いで乳汁が噴出するのは驚きでした。

しかし、指導はとても厳しいものでした。粉ミルクはもちろん、ほ乳瓶もダメ、母乳が足りないなら白湯をスプーンで飲ませなさい（ほ乳瓶の柔らかい乳首に慣れると、母親の乳首から飲む努力を赤ちゃんがしなくなるという理由です）、と徹底しています。私は昼夜を問わず、授乳のたびに、その前後でわが子の体重を赤ちゃん専用の体重計で量り、何グラム分飲めたか（換算して数十ｃｃです）を記録していました。家族が寝静まった深夜、暗い部屋の隅の電気スタンドの灯りの下で、新生児をあやしながらはかりにのせたり降ろしたりしている当時の自分を今の私が見たとしたら、きっとその大真面目な様子に苦笑することでしょう。

母乳だけで育てたい一心のおかあさんたち

何度か通って、あまり進展がなかったからか、相談室の助産師さんは私に桶谷そとみ先生の治療院へ行くことをすすめ、予約を取ってくれました。桶谷そとみさんは、第二次世界大戦中、母乳が足りず栄養状態が悪いために亡くなる赤ちゃんをひとりでも多く救おうと、独自の乳房マッサージ法を確立し、戦後はその技術者養成と母乳育児支援に生涯を捧げた助産師です。夫も私も好奇心は旺盛なほうだったので、二時間ほどかかる少し遠方でしたが、一緒に車で出かけることにしました。たとえて言えば、フロイト派の精神分析治療を受けはじめたクライエント（相談者）が、創始者のフロイト先生の家に行くような気分だったかもしれません。

着いたところは、立派な門構えの和風の家屋でした。忘れられないのは、通された畳敷きの狭い部屋に、やせ細った赤ちゃんと必死の表情をした女性がひしめいていた光景です。おかあさんたちが、母乳だけで育てたい一心で、治療を待っているのです。

ようやく私の順番が来て施術台に横になり、手技をはじめた桶谷先生（当時八〇歳）が発した言葉は、「なに？　この膿みたいなおっぱいは！」でした。もちろん言いっぱなしではなく、そのあとに指導と励ましが続くのですが、要点は、母親たるもの、食事をはじめ生活のすべては「よいおっぱい」のために統制しなくてはならないということで、今のあなたは落第だと宣告されたような気がしました。数週間後に職場復帰を予定していた私にそんな生活は不可能だとわかっていたので、うちのめされることはありませんでしたが、治療院の待合所の光景は、なにか宗教性を帯びた非日常の世界のように私の心に焼きつけられました。

誤解のないように補足すると、私は桶谷式の指導が問題だと言いたいわけではありません。それよりも、指導を一〇〇％遂行しようと必死になる受け手のほうの思いこみがどこから来るのかをもっと考えてみたいのです。なぜ、赤ちゃんをやせ細らせてまで、母親は努力を続けようとするのでしょうか。私の知り合いには、赤ちゃんが脱水症状を起こして救急搬送された人もいます。

なぜ完全母乳育児が推進されたのか

私は復帰した職場で子育て支援の共同研究に加わる機会があり、そこでいろいろとわかったことがありました。長女が生まれた一九九〇年代初めは、ちょうど「完全母乳育児」という言葉がわが国の母子保健の領域で最高潮に飛びかった時期だったのです。

その背景には、一九八九年にWHO（世界保健機関）とユニセフ（国連児童基金）が『母乳育児の保護、促進、そして支援』をするために、産科施設は特別な役割をもっている」という共同声明を発表し、「母乳育児を成功させるための一〇か条」を制定したということがありました。これは、衛生環境や食糧事情が厳しい地域で生まれ育つ赤ちゃんと母親の健康を守るために、全世界の産科医療と新生児医療に携わる人々に母乳育児の推進を呼びかけたものです。そこには、「医学的な必要がないのに母乳以外のもの（水分、糖水、人工乳）を与えない」「赤ちゃんと母親が一日中二四時間、一緒にいられるようにする」「ゴムの乳首やおしゃぶりを与えない」といった条文が明記されていて、それらの条件を満たす施設を「赤ちゃんにやさしい病院」と認定する活動がはじめられたのです。

清潔な水が入手できず粉ミルクを安全に使用できない、粉ミルクを買い続ける経済的余裕がない、といった貧しい地域や国では、母乳は赤ちゃんのいのちを守る最大の資源です。また、母乳育児をすれば次の妊娠が抑制され、母体の回復と妊産婦死亡率の低下が期待できるなどの効果も見込めます。桶谷式の指導と同様、WHOとユニセフの活動は、もともとは生命の保護（生きられるかどうか）という切実な次元で発想され、具体化されたものと言ってよいでしょう。

ところで、乳児の死亡率が世界でも最も低いうちに入るわが国では、この活動は本来の意図とは少し違う、母乳育児の再評価という意味あいを強くもって受け入れられました。国のレベルでは、第二次世界大戦後に導入された欧米式育児への反発があったでしょう。また、「おっぱい」への憧憬が強い伝統的な日本文化と、学業や仕事で努力して達成することを学んだ現代女性のメンタリティが結びついて、「完全母乳育児」は母子保健に携わる人々や母親に熱く受け入れられたのだと私は理解するようになりました。

しかしながら、核家族で子育てするのが一般的な今の日本において、この方法にはどだい無理があります。母親になった女性すべてにちょうどよい分量の母乳が出るなんていうことはありえず、昔は、足りなければ近所の授乳中の女性から「もらい乳」をしていたのです。私自身もそうやって育ったと聞いています。昭和三〇年代（西岸良平の『三丁目の夕日』の世界）、よその赤ちゃんにおっぱいをあげるおかあさんの姿は珍しくありませんでした。

コップの回し飲みさえ衛生上の問題として忌避される近年では、もらい乳のような母親同士の助けあいは復活しようがありません。そんななかで「母乳だけ」にこだわると、母子の距離がうまくとれず、おかあさんは「おっぱいのしもべ」になってしまいます。赤ちゃんが欲しがるタイミングで、欲しがるだけ母乳を与えようとすれば、常に母親はわが子のそばに仕え、気配を感じとれるよう努めなくてはなりません。そうして距離が近づきすぎると、「おっぱい」しか見えず、子育ての全体が見渡せなくなるのではないでしょうか。

おっぱい万能主義から距離をとる

何事にもプラスとマイナスがあるものですが、母乳育児も同様です。母乳育児の負の側面などと言うと、医学的には「ない！」と断言されそうですが、こころの面からは、多様な見方が可能です。いずれも、「母親にしかできない」ということから派生する、「私にしかできない」「私だけができる」という心理と関係しています。

ひとつは、おっぱいのしもべになるあまりに、結果的に夫を子育てから遠ざけ、男性が父親になっていく成長の機会を奪ってしまうということがあります。また、もともと夫婦関係に潜在的な亀裂がある場合、夫との距離をおく合理的な理由として母乳育児が使われ、さらに亀裂を広げてしまうということも考えられます。

もうひとつは、なかなか離乳や卒乳ができず、結果として子どもの成長を阻害するということがあります。一歳半ばを過ぎ、自我が芽生えてくると、子どもはお腹がすいているからではなく母親に甘えたいとき、わがままを通したいときに「おっぱい」を要求することを覚えます。このとき、母親にとって授乳が自分の存在意義を確認する方法として大きな意味をもちすぎていると、わが子の自立をうながし、ひとりでいられるように励ます代わりに、要求を受け入れ、依存を助長する可能性が生じます。「おっぱい！」と言えば母親が来てくれることを知っていて、子どもが母親をコントロールする関係ができてしまうのです。

もし、本書を読んでくださっているあなたが、「おっぱい」という子育ての大問題と格闘しているようなら、いったん距離をおいて眺めなおしてみることをおすすめします。大木の幹にとまっているセミには、木の全体像は見えません。多文化に視野を広げて、あるいは過去や未来に視点を飛ばしてみると、なにが大切かはまったく違って見えてくるのではないでしょうか。

おっぱいとのさまざまな付きあい方

私は、最初こそたいへんでしたが、世代や文化の違う先輩ママに教えられたことをいろいろ試してみる経験をとおして、自分とわが子に合うおっぱいとの付きあい方をほどなく見つけることができました。

一番の手がかりは、産休明けから娘を預かってくれた赤ちゃんホームの先生の「どんな方法でも栄養がとれるようにしておきましょう」という助言でした。母親が働き続けるためには、赤ちゃんの環境適応力を伸ばすことは必須です。どこでも、誰からでも、どんな乳首やほ乳瓶からでも、スプーンでも、また微妙に違う味のものでも、飲めるに越したことはありません。

助産師さんや小児科医の指導も参考に、粉ミルクを足すときは、母乳のほうがおいしく感じられるよう標準より薄めにしたり、ミルクのがぶ飲みを防ぐために、しっかり吸わないと出てこない特殊な形状をした固めの乳首や、穴の小さい乳首などを取り混ぜて使ったりしました。一度にたくさん出てくれない母乳は職場で絞って持ち帰って活用し、疲れている夜は添い寝の状態で授乳して〝寝落ち〟することもありました。子育ての教科書には好ましくないと書かれていましたが、それはそれで心地よい時間だったと思いだします。そうこうするうちに、九か月ほどして自然に母乳も出なくなり、おっぱいは卒業となりました。

海外の授乳事情がどうなっているのかを知れば、さらに心が楽になるでしょう。

パートナーとの大人の時間を重視する欧米の国では、胸の形が崩れるのを防ぎ、ベビーシッターに赤ちゃんを預けてカップルで出かけやすくする意図から、授乳は産後の短い期間で終わらせ、人工乳に切りかえるのが一般的です。最もラディカルな個人主義のライフスタイルをとるフランスでは、無痛分娩で出産し、新生児の時期から粉ミルクを与え、別室に寝かすのが普通です。国際結婚してフランスでお産と子育てをする日本人女性は、大きなカルチャーショックに遭遇することが多いようです。

二〇年ほど前、海外で子育てする日本人女性のブログがインターネットを介してリアルタイムで読めるようになった頃、書物では知っていた異文化の子育てが「本当だったんだ！」と、妙に納得したのを覚えています。あるおかあさんは、フランスで出産後、退院して自宅に戻った一週間後には「粉ミルク」をすすめられ、一か月後には「いつまで母乳あげてるの？」とフランス人のお姑さんに叱られたと驚きを綴っていました。海外生活経験をもつグラフィックデザイナーの女性が、各国で子育てした日本人女性を取材してまとめた『母乳を捨てるフランス人、ヘソの緒に無関心なアメリカ人』（江藤亜由美、雷鳥社、二〇一七年）などを読むと、受けつがれた信念や習慣の部分は、世代をへてもなかなか変わらないことがわかります。

余談ですが、ドイツから帰国した友人に「日本では味噌汁（や鯉こく）だけど、あっちではビールだよ」と聞いて、お酒好きの私はさっそく喜んで実行してみたけれど、わが子のテンションがちょっと上がってはしゃぐだけで母乳は増えずがっかり……なんていうこともありました。これは、子育てに特効薬を期待してはいけない、という教訓かもしれませんね。

母乳育児の効果は続かない？

経済学者の山口慎太郎さんが『「家族の幸せ」の経済学――データ分析でわかった結婚、出産、子育ての真実』（光文社新書、二〇一九年）という著書で紹介している海外の調査では、母乳育児の効果は長く続かないというエビデンスが得られています。どのような調査かというと、カナダの研究者が一九九六年に行ったプログラムで、医療体制の整ったベラルーシ共和国で、WHOとユニセフの「母乳育児を成功させるための一〇か条」に基づく研修を受けたスタッフの運営する母乳育児推進病院と、そうではない病院とを無作為に選び、双方の施設で生まれた約一万七千人の赤ちゃんとそのおかあさんをその後一六年間追跡したという大がかりなものです。

よくある「母乳の効用」の根拠とされる調査では、母乳育児かどうかだけに注目しているため母乳育児に取りくめる家庭の裕福さ、親の知的能力や健康状態など、ほかの変数が考慮されていないので、得られた結果が本当に母乳育児の効果なのかどうかが厳密には言えません。その点、ベラルーシの調査では母乳育児への意識や達成率以外の条件が統制されていて、得られた結果が母乳育児による差である可能性が高いというわけです。

ここでわかったのは、生後一年のスパンではたしかに感染性胃腸炎やアトピー性湿疹、SIDS（乳幼児突然死症候群）の発症率は低いけれども、六歳半時点では身体発達や肥満、アトピー性湿疹を含むアレルギー、多動傾向などにも差がなく、さらに一六歳時点では知的発達にも差がないということでした。

つまり、必死の思いで完全母乳育児に邁進したとしても、義務教育を終える頃には効果は残っていない、つまり粉ミルク育児より「よい子」に育つわけではない可能性が高いのです。そのことを知っているだけで、赤ちゃんを育てるおかあさんの気持ちはずいぶん軽くなり、落ち着いて自分のやり方を選択できるのではないかと思います。

第3章 イヤイヤ期の到来

勝ってはいけない闘い

わが子がしっかり食事をとれるようになり、おっぱいの呪縛から解放されたと思ったら、次は「イヤイヤ期」、いわゆる第一反抗期の到来です。一歳を過ぎ、だんだん言葉が話せるようになってきたと喜ぶのもつかの間、ある日「イヤ!」の連呼がはじまります。英語圏には"terrible twos"(魔の二歳児)という言葉がありますが、一歳半頃から二歳過ぎにかけての子どもほど扱いづらいものはない、というのは世界共通の子育ての実感なのでしょう。さらに、英語圏では"awful threes, wonderful fours"と続くそうです。三歳頃になると、「イヤ」に子どもなりの(へ)理屈が加わって、さらに親としては腹立たしさがつのるけれど、四歳を過ぎれば分別がついて、嘘のように楽になりますよという励ましの言葉です。ここにも、近未来にこころのドローンを飛ばして眺めてみることで、「今、ここ」の苦しさから距離をおいてほしいと願う、先輩ママたちの知恵が感じとれます。

本章では、そんなやっかいな時期のわが子と付きあうときのヒントを探してみたいと思います。

一歳児のこころのなか

「イヤ！」と言いきるときの一歳児のこころのなかは、いったいどんな感じなのでしょう。

育児日誌をめくってみると、長女が「イヤイヤ期」に入った日（一歳四か月）のエピソードを見つけることができました。何気ない日常の光景です。家で、夕食が終わってテレビを見ていたとき、私がリモコンを「貸して」と娘から取り上げようとしたら「イヤッ」とうれしそうに隠し、「イヤ、イヤ、イヤ！」と得意そうに連呼しはじめたのです。それまで、思いどおりにいかないときは、泣いたり唸ったり、地団駄をふんだりするしかなかったのに、「イヤ！」と宣言できるとは、さぞかし爽快な気分だったにちがいありません。日誌には、「ついに『イヤ！』と言うことを覚えた」と、観念する親の心情が綴られていました。

そこからは、お決まりの、「イヤ」のマイブーム。

「おはよう、しようか？」「イヤッ」、「おきがえ、しようか？」「イヤッ」、「おくつ、はこうか？」「イヤッ」……。出勤時間とにらめっこしながらすごす朝の親にとっては、これは子どもからの宣戦布告のようなものです。

ただ、育児書にも必ず書いてあるとおり、この時期の「イヤ」の大半は、本当にそのことが苦痛だと言っているのではなく、大人の言うままにするのがイヤだという、「自我の芽生え」の表現です。なにがイヤかよりも、「イヤ」と主張すること自体に意味があるわけで、そこで言うことを聞かせようと親が理づめで闘っても、無駄に消耗するだけです。まして「しつけ」の名のもとに、力づくで押さえつけ、その闘いに勝つようなことをしてはいけません。

気をつけていると、たいていイヤイヤ期と相前後して、子どもは「○○ちゃんが」「ジブンデ」するの！といったように、一人称を使って話しだすことがわかります。言葉とともに育っていくこの「じぶん」という感覚が、親や周りの大人にどのように受けとめられるかは、その後の自己肯定感の発達に大きな影響を与えます。この時期の「イヤ」「ジブンデ」を常に親が制圧しようとすると、子どもは自分を表現してはいけないのだと学び、無力感を抱くようになってしまいます。

親子の真剣な知恵比べ

受けとめるというのは、子どもの主張をそのまま全部受け入れるという意味ではありません。育ちつつある「人格」を認め、尊重したうえで、ぶつかるときはぶつかり、かわすときはかわし、ちゃんと言葉でやり取りをするということです。

「そろそろ、おはようしようか?」「イヤッ」

「反抗期ねぇ」「ハンコーキッ!」

「保育所行こうね」「イヤッ」

「じゃあ、行かんときね」「……(必死で考える)」


ちなみに、私の長女の「イヤイヤ」マイブームには、二つの波がありました。一歳七か月のときに阪神・淡路大震災が起きて自宅が被災し、他県にある夫の実家で避難生活をはじめたためいったん立ち消えたのですが(イヤと言っている場合じゃないことは、幼い子どもでもちゃんとわかるんですね)、二〜三か月するとさらにパワーアップして第二波が訪れました。


「おはよう、しようか?」「ネンネ、ショウカ?」

「起きよ〜」「ダメ、シナイノ」

「起きないと、遅刻だぞ〜」「モウチョット、ネルノ!」


私だってもうちょっと寝たいわ、という内心の声をひた隠しにし、わが子の絶妙な返しに笑ってしまいそうなのをこらえ、真顔でもう一度ふとんをかぶせてあげるパフォーマンスができるゆとりがもてるかどうかは、紙一重です。

「ちょっと寝たから、行こうか」でお互いが気持ちよく一日のスタートを切れる日ばかりではなく、「イヤァァ～!!」の絶叫に耳をふさぎながら、保育所の先生にわが子を預けて逃げさる苦しい日も多々ありました。

そのような場合も含めて、これは親子の真剣な知恵比べです。この年齢の子どもにはまだ、「今日がまんしたら、明日いいことがあるよ」方式の言い聞かせは通じません。「なぜ、親の言うことを聞かないといけないのか」を説教しても逆効果です。子どもは、どうすれば「今」の自分の主張を通せるかを全力で考えています。親は、受けて立つ方略をいくとおりも準備しておくのが得策です。言葉の発達がゆっくりなお子さんなら、「～したいんだね」とこちらが言葉にして受けとめ、ぎゅっと抱っこしてあげるのも一手でしょう。

「イヤ!」に傷つくおかあさん

ときどき、この「イヤ!」の主張を受けとめることがとても難しく、子育てに自信をなくしてしまうおかあさんがいます。「イヤ!」が、まるで母親である自分を拒絶する言葉のように響き、傷ついて冷静ではいられなくなるのです。

自分自身が幼い頃に親や周りの大人に受けとめてもらえず、自分はここにいてもよいのだという基本的信頼感を十分もてないまま成長した女性は、わが子が自分よりも父親や祖父母に甘えるしぐさをしただけで、「自分はいらない人間なのだ」と感じてしまいがちです。さらに、「イヤ！」とわが子に反抗されると、自分の不安な感情に圧倒されて、悲しそうに黙ってしまったり、逆になんとか言うことを聞かせようと叱りつけたり、機嫌をとろうとしてなにかモノを与えたり、極端に揺れる反応が起きてしまうことがあるのです。

もうひとつ難しいのは、一歳半頃から二歳台にかけては、子どもの側も情緒的に極端に「揺れやすい」という発達上の特徴があることです。歩けるようになり、言葉が話せるようになり、身体的にも心理的にも親からの分離と自立が急速に進むこの時期、子どもは「イヤ！」と主張し、親から離れていこうとすると同時に、親に見捨てられたらどうしようという不安に怯え、しがみつこうとします。さっき「ママ、アッチイッテ！」と自分を拒絶していたわが子が、次の瞬間にはベタベタと甘え、おっぱいを探りにくるという豹変ぶりです。拒絶されたと感じて傷ついているおかあさんは、急に甘えられても気持ちの切りかえが追いつきません。母親も生身の人間、「なに甘えてるの、あっち行って！」と反撃してしまい、あとで落ちこむという悪循環も生じます。

反抗と甘えの揺れに付きあう

多くの母子の観察をとおして、乳幼児の「分離―個体化」の過程をこまやかに描写したハンガリーの心理学者マーガレット・マーラーは、この揺れる時期を「再接近期」と命名しています。母子分離は一直線に進むのではなく、揺り戻しの時期をへるという発見です。イヤイヤ期の最もやっかいなところは、自立への挑戦という誇らしさと、反抗したために母親に見捨てられるのではないかという強烈な不安という、二律背反の感情が含まれている点でしょう。この時期の両極の「揺れ」に付きあうことは、子どものこころが成長していくうえで、おかあさんにとって避けては通れないレッスンです。

もし、この本を読んでくださっているあなたが、これからお子さんのイヤイヤ期を迎えるところなら、自分自身が「イヤ！」と思いきり誰かに言えた経験を思いだしてみてください。親でも、友人でも、パートナーでも、そこに信頼関係がなければこころの底から「イヤ」は言えません。もし、今までずっと誰かのために自分の「イヤ」を押さえこんできた自分に気づいたら、お子さんのイヤイヤ期は挽回のチャンスです。誰かに（もちろんお子さん以外の）、「もうイヤ！」と子育てのストレスを語ってみましょう。そうして、わが子が「イヤ！」と言えることをともに誇らしく感じられるようになるといいですね。

第4章 三歳まではなぜ大切か

「三つ子の魂」に刻まれていること

「三つ子の魂百まで」の意味は？

「三つ子の魂百まで」ということわざがあります。最近は大学の授業で喩《たと》えに用いると、よくわからないという表情をされることが増えてきたので、死語に近づきつつあるのかもしれませんが、日本人の子育てのなかでは長く言い習わされてきた常套句です。

みなさんは、どんなときにこの言葉を聞き、またどんな意味だと理解しているでしょうか。子育て支援に関わる専門家やボランティアの方への研修、若いおかあさん、おとうさんへの子育て講座などで、私はよくこのことわざの意味を尋ねてみます。すると、世代によって返ってくる答えが対照的に異なるので、いつもおもしろいなと思うのです。

まず、社会の一線を退いたあとや、自分の子どもを育てあげたあとに、なにか役に立ちたいと思って参加してきた高齢の人は、たいてい「三歳までの子育てが大切で、ちゃんとしつけをして分別をつけさせておかないと、大きくなってから手がつけられなくなるという意味です」と言われます。なかには、「だから、言っても聞きわけないときは、（わが子を）叩いて育てました」と、信念をもって発言する方さえいます。

実際、私の幼少期の記憶をたどってみても、この言葉を聞いたのは、母親に厳しく叱られたり罰せられたりしたときが多かったように思います。「こんなふうにするのは、そうしておかないと一生あなたが困るから」「あなたのためを思って」という理由づけとして語られました。はっきり記憶に残っているということは、三歳を過ぎてもっと成長してからも語られ、くりかえし私のこころに、痛みとともに刻みつけられたからでしょう。そのせいか、私は自分自身の子育てのなかで、このことわざを口から発したことはたぶんありません。

一方、若い参加者の場合は、立場にかかわらず、たいていこのように答えてくれます。「三歳までの子育てが大事で、それまでに母と子の絆をつくり、信頼関係をしっかり築いておかないと、大きくなってからこころの病にかかったり、不登校になったり、困ったことになるという意味です」。そして、絆をつくるためには、三歳までは母親は子どものそばにいて、わが子の要求をこまやかに感じとり、応えてあげることが必要だ、という趣旨の説明が続きます。若い世代の場合は、「三歳までが大事」という理解は高齢世代と同じでも、その理由づけは対照的に異なり、いわゆる「三歳児神話」と呼ばれる、「三歳までは母親の手で育てるべき」という価値観が浸透していることが感じられるのです。さらに、三つ子は文字どおり「三歳」という実年齢としてイメージされている場合が多いのではないでしょうか。

「三年間抱っこし放題」の矛盾

長期政権を維持した安倍元首相が、二度目の就任後間もない二〇一三年の春に打ちだした「成長戦略」のひとつに、女性活躍社会実現のための育児休業制度拡充があり、（おかあさんはわが子を）「三年間抱っこし放題」というキャッチフレーズをふりまいて、世論が分かれたことがありました。当時一年間だった育児休業制度を三年間に延長するよう企業にはたらきかけるから、安心して子育てと仕事を両立できますよというメッセージを、メディアをとおして強く発信したのです。ここでは、「三歳まで」が「三年間」という物理的時間におきかえられています。

しかし、この施策は多数の女性の賛同を得られませんでした。一番の理由は、このメッセージがダブルバインド（相矛盾する内容を同時に含んでいる）だったからだと私は思っています。つまり、「三年間抱っこし放題」とは、女性は社会に出てもっと働け、しかし母親となった女性は子どもが幼いうちはわが子を抱っこして家にいなさい、という政府のうながしを示していて、たとえば数年おきに複数の子どもを産めば、女性はもう「社会に出るな」と言われているのと同じになってしまうということです。

為政者の無意識的な価値観には、三歳児神話が根強く生きていて、若い世代の人々も、そのダブルバインドメッセージに対してなにか違和感を覚えながらも、やはり影響を受け続けているのが今日の現状ではないかと思います。

ことわざや昔話に出てくる数字は、物理的な数や期間を示すのではなく、象徴的に用いられている場合が多いものです。眠りの森の姫（グリム童話の「いばら姫」）が、呪いにかかって死の代わりの眠りに落ち、王子のキスによって百年の眠りから覚めると言うとき、その「百」は、少女が思春期に入り、成熟した女性に変貌をとげるまでの「数えられないほど長く感じられる間」という主観的な時間を意味しています。「三つ子の魂百まで」や、それに似たことわざの「雀百まで踊り忘れず」の「百」も、物理的な百歳ではなく、質的な長い時間を表しています。「三」のほうも同様に、三歳ではなく、幼いことを表しているにすぎません。

このことわざのもともとの意味は、「幼い頃に表れている気質や特徴は、歳をとっても変わらない」ということです。英語に翻訳する際の例に、"The leopard cannot change his spots"（ヒョウは斑点を変えることはできない）があるように、どちらかというと、持って生まれた特徴は一生変わらないことを言っています。どこにも「育て方次第」というニュアンスはありません。したがって、世代にかかわらず、私たち現代人はこの言葉を誤用しているわけです。

なぜ三歳を節目と感じるのか

「三歳」にこだわる心理がどこから来るのかを考えてみることは、私たちの子育て観を見なおすうえでヒントを与えてくれるのではないでしょうか。「脳科学の研究でわかった」というふれこみのもと、「三歳まで」を皮切りに、「五歳まで」「七歳まで」「九歳まで」にこういう子育てをしたら頭のよい子に育つ、才能のある子に育つ、といったコマーシャルが巷にあふれています。多くは早期教育のすすめで、教材や受講の費用を母親が払いたくなるように工夫されています。今、自分が子どもの教育のために使うお金や努力を惜しんだら、取り返しのつかないマイナスポイントがわが子についてしまう、という不安をかきたてるようなストーリーがつくられています。

神話と科学は必ずしもまったく別次元の原理で成りたっているわけではありません。科学的手続きは常に不備を含んでいるものであり、得られた結論はかぎられた条件のもとで成立する証拠にすぎません。たとえば、その時代の政府が期待する成果の得られそうな研究プロジェクトには、より多くの資金が投入され発展しますが、反証するための研究にはそのような支援は提供されないのが普通です。また、科学的に反証するデータが出ても、メディアは積極的には取り上げないので、市民が知る機会はかぎられてしまいます。巷に流れる情報は、政策の成功や企業の利益追求の意図によって色づけられているため、鵜呑みにしないよう気をつける必要があります。広い視野と長い年月のスパンで考えれば、科学もまた「神話」のひとつという見方が可能です。人が信じたいように、また信じさせたいように、科学の証拠も積みあげられていく側面があるのです。

百歩譲って、「三つ子の魂百まで」の「三つ」が年齢を指しているとしても、これは数え年なので、実年齢で言えば二歳児のことを指しています。にもかかわらず、私たちが、このことわざを含めて「三歳」という年齢を大切な節目と信じるのはなぜでしょうか。たとえば幼稚園教育は、なぜ三歳からはじまるのでしょうか。

子どもの心理学的発達の観点からは、以下のような知見と結びつけて理解することが可能です。第3章で紹介したマーガレット・マーラーをはじめ、乳幼児の観察研究やこころの治療実践を行った研究者が共通して見いだしているのは、生まれた直後は母子一体の世界に生きていた赤ちゃんが、少しずつ「自己」の感覚を育て、歩行や言語の獲得によって物理的・心理的な母子分離を進め、途中で揺り戻しの時期（再接近期）をへて、三歳に達する頃には母親が物理的にはそばにいなくても、ひとりでいられるようになるというプロセスです。「個」としての自分を獲得する、このプロセスの最後の段階は、「対象恒常性の獲得」という用語で表されることもあります。

幼稚園教育が三歳からはじまるというのは、この「対象恒常性の獲得」と深く関連しています。この発達段階になると、たいていの子どもは一定時間主たる養育者（多くはおかあさん）と離れても、不安なときに自分を守ってくれる養育者のイメージを呼びだし、次に出会えるときまで自分をコントロールして待つことが可能になります。優しいときもこわいときもあるトータルとしての「おかあさん」像を、こころの内に保持し続けることができるのです。

それは同時に、明日も明後日も変わらない「じぶん」がある、という感覚をもつことと表裏です。そうして獲得された「じぶん」は、言葉を駆使して自分をなだめたり鼓舞したり、再会した母親に不在の間に経験したことを伝えたり、逆に家庭での経験を保育者や友だちに伝えたりして、自分の内的世界を身近な他者と共有できるようになっていきます。言いかえれば、集団のなかでの学びが有効になるということです。

大人になってから一番昔の記憶（First Memory）を尋ねられて思いだせるのが三～四歳のエピソードであることが多いのも、同じ能力のおかげと考えられます。刹那刹那を生きていた赤ちゃんは、三歳頃になると、自分の内的経験を長期的に保持できるようになります。たしかに、「三歳」前後というのは、子どもの発達過程のなかで、一番大きな節目と言ってもよいでしょう。これもまた「科学という神話」の物語かもしれない、という留保をつけたうえで、子育てに向きあう際に大事に考えることには意味があると思います。

「三つ子の魂」に刻まれるものとは

せっかくこだわるなら、ただ「三歳が大切な節目」ではなく、もう少しみなさんと考えてみたいことがあります。

「三つ子の魂」とは、先ほども書いたように、三歳ではなく幼い子どものこころのことでした。私は、「三歳」という節目よりも、三歳に向かう育ちのプロセスが大事なのだと感じています。昔の人々は、対象恒常性が獲得され、文法構造の整った言葉が話せるようになる前の、つまり言語以前の刹那の時間と世界を生きる幼子が見せる様子がその後の長い人生を予見することを、経験的に知っていたのだと思います。

あらためて尋ねると、「三つ子の魂」に刻まれるものとは、なんなのでしょうか。

対象恒常性が獲得される前の子どもが経験した内容は、成長後に記憶として想起されることは、通常はありません。でも、記憶に残らないものは重要ではないと理解するのは早計です。

解剖学者で、保育についても多くの講演録を残している三木成夫《しげお》さんは、私たちが成長後になにかの対象（人やモノ）を認識するとき、そこには「生命記憶」と名づけられる、乳幼児期からの五感の体験すべてが込められていると説きます（『内臓とこころ』河出文庫、二〇一三年）。

たとえば、ひとつの「丸いコップ」を見るとき、私たちはただそれを視覚情報として同じように受けとるわけではありません。自分がかつて幼い頃、丸いコップを無心になめまわし、なで、叩き、握り、それでなにかを飲んだ、あらゆる記憶と渾然一体に認識するのだということです。私たちは丸いコップを見たとき、その縁の舌ざわりや、手にもったときの温もりや重みを、からだごと体験しています。幼い頃の経験がひとりずつ違うように、「丸いコップ」をどう感じるかということも、ひとりとして同じ人はいないのです。

人をどう認識するかも同じです。つらい表情やうれしい表情をしている人に出会ったとき、私たちは言語で考えるより先に、自分自身の過去の非言語的経験を一瞬のうちに参照し、想像し、その人を理解しているのだと思います。つまり、「三歳」に至るまでに、言葉が主な手段になる前に、どれくらい情動的、運動感覚的な生の対象（人やモノ）との関わりをもてたかが、その後の生涯にわたって影響をもたらすと考えられるのです。

この「生命記憶」ということから私が思いだすのは、次のようなエピソードです。

少し前の年末、家の大掃除をしていたら、古いビデオテープが出てきました。タイトルは「さくらんぼぐみのおともだち」。長女が〇歳児クラスのときの保育所での生活を、先生方が代わる代わる記録してくださっていたものです。初めて歩いた姿も、みんなと一緒にビニールプールではしゃぐ姿も、室内でよちよち歩きの友だちとケンカしている姿も、当たり前の日常として映しだされていました。第3章で、阪神・淡路大震災後のことを少し書きましたが、半年間の他県での生活をへてやっともとのところへ戻ったとき、避難所にもなっていた公立保育所の混乱状況のなかで大事に保管されていたそのビデオテープを、担任の先生が手渡してくださったのです。

二〇年ぶりにそのビデオを再生してみて一番驚いたのは、広い園庭で外遊びをしている場面でした。〇歳から二歳まで、十数名の子どもたちが、まさに放牧のように園庭に放たれて、めいめいに好きなようにすごしているのです。まだハイハイの男の子は、砂や側溝の蓋の上を、イモムシのようにうねって進んでいます。疲れると、地面の上に気持ちよさそうにほおをくっつけて休みます。今ならきっと、そのような保育は「危険」「不衛生きわまりない」と、保護者からクレームが出ることでしょう。

私がその光景を久しぶりに見たときの率直な思いは、「感謝」でした。そのビデオは、天井や園庭に設置されたデジタルカメラでモニターされた記録ではありません。片手にカメラをもち、両目で子どもたちをしっかり見つめる保育者の方々のまなざしが、そこには生きているのです。地面にほおをつけるイモムシ君は、大地の安心感を、陽の温もりと、においと、周囲から聞こえる声や音とともに、全身で感じとっていたにちがいありません。大人になって踏みしめる大地は、あの園庭の記憶とともに、温かく彼を支えてくれるよりどころとなるはずです。そして、娘たちにもそのような日々の経験を与えてくれた当時の保育所と先生方に、あらためて感謝の思いがわきあがりました。

「三つ子の魂」に刻まれているのは、このような、言葉以前のさまざまな生の体験です。抱っこされたときの温もりや肌ざわりや聞こえる声色はもちろんですが、「おかあさんの」とはかぎりません。さまざまな人に抱きあげられたときの重力からの解放感、ベビーベッドの柵ごしに躍る陽の光、つかんだ玩具の手ざわりやにおい、床や土を踏みしめる裸足の感覚、初めてかじったプチトマトの歯ざわりと味、スマホごしに聞こえる祖父母の声など、心地よいものもよくないものも、すべてが刻まれていくと想像してみてください。こういった豊かな体験世界の上にこそ、おかあさんのさまざまな子育ての努力が活きていくのだと思います。

第5章

おむつは布か紙か

忠告をふるいにかける

今の子育てには、選ばなくてはならないことが本当にたくさんあります。子どもをもつかもたないかにはじまり、どこで産むか、どのようなスタイルで産むか、先に性別を聞くか聞かないか、胎内教育するかしないか、するならなにを聞かせるか、母乳かミルクか、仕事を続けるなら保育所はどこにするるか。ちなみに私が長女を産んだときは、まだ保育所は「保育に欠ける子どもを措置するところ」で、親に選択権はありませんでした（児童福祉法の改正によって、保育所への入所が「措置」でなくなったのは一九九七年のことです）。今は、立地、施設、保育方針や時間などいろいろな条件を比較して、いくつもの候補のなかから選んで申込みをしなければなりません。

おむつは布か紙か。これも悩むことのひとつです。「楽なほうでいいじゃない」と割りきれる場合はよいですが、わが子にとって、地球環境にとって、経済的に……と真面目に考えれば考えるほど、簡単に答えは出なくなります。

そういったとき、今はインターネットに検索語を入力すれば、いくらでも情報が得られる時代です。子育てでなにか悩んだとき、瞬時に山ほどの回答が得られるのはありがたいことにちがいありません。しかし、いざ自分がどうすればよいかの決断を迫られたとき、多すぎる情報はかえって悩みを大きくしてしまうのも事実で、結局は身近な人の助言や忠告（アドバイス）を頼りにする場合も少なくないのではないでしょうか。また、こと子育てに関しては、専門家でなくとも、人生の先輩なら誰でも助言者の立場になりえます。こちらが頼るより前に、向こうからあれこれと忠告がやってくるというのもよくあることです。

おむつと情動調律

おむつ問題について、私の場合はどうだったかを思いだしてみました。

私もいちおう心理学者のはしくれとして、ネットこそまだ使っていませんでしたが、通常よりも多くの情報をもっていました。第2章でも書きましたが、長女が生まれた一九九〇年代前半は、「完全母乳育児」推進をはじめとして、最早期の母子の絆をどうつくれるかが、その後の子どもの発達にとっていかに重要かが強調された時代です。排泄の世話についても同様に、便利な紙おむつに頼っていては、母子の情緒的な関係の育みが損なわれるという判断が科学的知見から導きだされることも知っていました。

乳幼児と母親の情緒的関係の発達を研究した第一人者、精神医学者のダニエル・スターンは、赤ちゃんが興奮したりぐずったりする原初的な情動の変化に母親は無意識に波長を合わせて反応するものであると言います。そのこまやかな反復が、やがて子どもが自分や他者の感情を理解し、共感する能力を育てていくのです（D・N・スターン著／小此木啓吾・丸田俊彦監訳『乳児の対人世界理論編』岩崎学術出版社、一九八九年）。

たとえば、お腹がすいたり、おむつがぬれたり、暑かったり、眠かったりして不快さが増した赤ちゃんは、口を開けたり、顔をしかめたり、次第にぐずった声を出したりして、最後には泣きはじめます。かたわらにいる母親は、無意識のうちにその緊張感の高まりに心身の波長を合わせ、どこかのタイミングで「よしよし」と抱きあげ、その不快を鎮めるための行動がなにかを探ります。

逆に、赤ちゃんがカーテンの隙間から射してくる明るい光に興奮してバタバタと四肢を動かしはじめたようなときも、母親はその快体験の興奮に波長を合わせて（たいてい、なにで興奮しているのかはわからないことが多いものですが）、「どうしたの～」とうれしい気分で赤ちゃんをあやしたりします。最初は快・不快でしかない未分化な赤ちゃんの情動は、母親や主な養育者が的確に同調して反応してくれることをとおして、喜怒哀楽の感情へと分化していくのです。そのような言語以前の重要な波長合わせを、スターンは「情動調律（affect attunement）」と名づけました。

この考えにしたがえば、生後一～二年、子どもによってはもっと長くくりかえされる「おむつ替え」をとおした情動調律のあり方は、成長後のわが子の情緒的な対人関係の質を左右することになります。情緒発達の観点からは、やっぱり布おむつ、です。ぐずる前にかわいいキャラクターの色が変わって「あ、ぬれたから替えなきゃ」と親が見てわかったり、センサーが反応して別室にいる親のスマホに通知が届いたりするような最新の紙おむつでは、貴重な波長合わせのチャンスは奪われてしまうのですから。

おむつをめぐる忠告

さて、このおむつ問題をめぐって私がどうしたかというと、悩んでいるうちに偶然のなりゆきも加わって、なかなかおもしろい展開になったのでした。

おむつをめぐる「忠告」の第一弾は、お義母さんがお寺で安産祈願をしてもらったからと持参してくれた、さらし布の腹帯でした。「今はすぐ買えていいわね。昔は、これを切って縫いあわせておむつにしたのよ」（正直、昔話を聞くような気分でした）。言外に、布おむつを買ってね、というすすめが含まれていました。

第二弾は、同じ研究室の先輩夫婦が私たちの出産予定を知って、使わなくなった子育て用品や衣服を段ボール箱で送ってきてくださったなかに、布おむつがどっさり入っていたことです（これにはもっと距離の近い、暗黙のプレッシャーを感じました）。

さらに、赤ちゃんホームで出会った先輩ママのひとりが、赤ちゃん用品の老舗企業に勤めていた偶然のご縁で、新生児のおむつモニターを引き受けることになりました。雅子皇后のご成婚直後、世のなかでは、皇室のお世継ぎ誕生への期待がじわじわ高まり、いずれ生まれるかもしれない高貴な赤ちゃんに向けた商品開発がはじまったタイミングだったのです。素材や形が違う複数の種類の布おむつとおむつカバーの試作品を渡され、使い心地やもれ具合など、産休中は毎日チェックしてレポートをしました。また、海外の製品もいろいろいただいて、試す楽しみが加わりました。一番記憶に残っているのは、育児文化では先進的なある国のおむつカバーがじゃじゃもれで、「ひどい目にあった」と、あとで大笑いしたことです。

しかし、職場に復帰し、昼間は赤ちゃんホームへ、その後保育所に子どもを預ける生活に移行するにあたって、「やっぱり布おむつ」とも言っていられなくなりました。へとへとになって帰宅し、夜は少しでも自分自身が休みたい。でも、布おむつであれば、ぬれるたびに起きておむつ替えをしなくてはなりません。だからといって紙にすれば、「楽をしちゃいけないのではないか」という罪悪感と闘うことになります。

助言を選びとる力

こんなとき、本書を読んでくださっているみなさんなら、どんな助言や忠告をされるでしょうか。

私は、おっぱい問題のときと同様、本を読んで学ぶことと合わせて、身近な専門家や経験者に順に話をし、意見を聞きました。五人のお子さんを育てる豪胆な同僚の先輩ママ、同じ同僚でも二人のお子さんを慎重すぎるくらい丁寧に育てている先輩ママ、海外生活の長かった友人パパ、赤ちゃんホームや保育所の先生などです。私自身の父（大正生まれ）は、困った状況になると「こんな小さいうちから子どもを預けて働くからだ」という忠告をする人でしたから、前向きな手がかりは外に求めるのが賢明でした。

さまざまな助言をもらって考えた結果、私はこのような方法をとることにしました。昼間は預け先の方針にしたがって布を使い、帰宅したら毎日汚れたおむつの洗濯には励むけれども、夜は紙おむつを使って私の労力を節約する。昼間も、お腹が緩くて布おむつの汚れがひどくなりそうなときは紙に切りかえる、といったハイブリッド方式です。「情動調律の問題はどうするの？」と聞かれそうですが、母子の波長合わせは同時的な現象です。余裕のない私の波長に赤ちゃんが同調してしまうリスクに比べたら、まだ調律しないほうがまし、という判断もあったかもしれません。

実際、さまざまな助言とはどんなものだったかを知りたいと思われる方もいらっしゃるかもしれませんが、その一言一句はもう覚えていません。布派も紙派もどっちでもよい派もどれもあったのは確かです。私は、親身になされる忠告ひとつひとつの内容は、それぞれの助言者が知識や経験から導きだしたものであり、等しい重みをもつものだと思っています。

より重要なのは、どれが正しいかということよりも、どの忠告が「今の自分に実際に役立つか」を考えて選びとれる、自分自身の主体的な力のほうだと思うのです。大切なのは、多くの情報、多くの知識、多くの忠告をふるいにかけ、現在の自分にフィットするものを受けとれることではないでしょうか。そして、そこから自分らしいやり方をつくっていけることではないでしょうか。

忠告が得意な人のなかには、相手が自分の言ったとおりにしないと不満に感じたり、批判や怒りを向けてきたりする人がときどきいますが、そのような助言者の反応がこわくて無理に合わせても、決してうまくはいきません。なにを受けとればよいか迷ったときの手がかりは、どの助言や忠告を受けとったときに自分が一番落ち着いたり安心したりしたか、という自分の側の実感にあるのです。

自分自身の「実感」に自信をもてていない人は、「どれが正しいか」を知的に考えて判断しがちです。たしかに、耳の痛い「正しい忠告」というものもありますが、それが活きる（活かせる）かどうかは、与える側と受けとる側の間に信頼関係が育まれているかどうかにかかっています。厳しい忠告だけれども、この人がそう言うなら私も頑張ってみようと思えるとき、そこには恐怖や不安は生じないはずです。逆に信頼関係のない間柄で出される一方的な「正しい忠告」は、受けとる側を傷つけ、百害あって一利なしという事態を生みます。

さらに、相応の信頼関係があってなされた忠告であっても、受けとる側の状態によっては不安や罪悪感をかきたて、落ちこませるだけにしかならないこともあります。私が十数年前にインターネットの子育て支援サイトでこころの相談室の回答者を担当していたとき、「実母の忠告が一番つらい」というおかあさんの訴えに接することが何度かありました。一所懸命やっている自分の子育てに対して自分を育てた母親から否定的な忠告をされることは、どんな専門家の科学的な判断に基づいた忠告よりも無視できない力で、若いおかあさんを窮地に追いこみます。子どもの母親としてダメだというだけでなく、母親の娘としてもダメだ（期待外れだ）と言われているのと同じだからです。

「やっぱり、おかあさんが」の一撃

私は実母がすでに亡くなっていたのでそのような母娘の確執を経験することはありませんでし

たが、それに類することは、長女が保育所の幼児クラスに上がったときの担任の先生との間で起こりました。

ちょうど次女が生まれ、夫が一年間の在外研究で渡欧し、夏休みを終えて私がフルに職場復帰してまもなくの頃だったと思います。今ふうの表現で言えば「ワンオペ育児」がはじまって、私は綱渡りのような日々を送っていました。カウンセラーという仕事は、悩みやつらさを抱えて定期的に相談に来るクライエントとの約束を守り、一分一秒遅れず「そこ（面接室）で待っている」ことがまず重要な責務です。もちろん、現実的なちょっとした助言を求めて来る人もいますが、抱えている問題が深刻であればあるほど、相談面接の時間はきちんと守られる必要があるのです。しかし、乳児は、夜に元気でも次の朝起きてみたら高熱が出ているなんていうことは珍しくありません。「明日私は無事に予定どおり職務を果たせるだろうか」という日々の緊張感は当然長女にも伝わり、どうやら保育所でも落ち着かない様子を見せていたようでした。

ある日、夕方お迎えにいくと、担任の先生に呼ばれて子どもたちの帰ったあとの保育室で話をすることになりました。ワンオペ育児の状況をご存じのはずの先生は、こう切り出しました。

「最近、〇〇ちゃん、情緒不安定です。やっぱり、こういうときはおかあさんがそばにいてあげないとね」

それに続いてどんな話をしたのかは、まったく記憶がありません。「やっぱり、おかあさんが」という言葉が矢のように私のこころに刺さり、うちのめされてしまったからです。担任の先生もフルタイムで働き、私とそう歳の違わない、お子さんのいる女性でした。働く母親同士として、そのたいへんさをわかってくれているはずと信頼していた人からの、思わず口をついて出た忠告に、私は信じられない思いでいっぱいになりました。

今ふりかえれば、乳児クラスの保育士ひとりあたり六人（一、二歳）の子どもという定数に対して、幼児クラスでは二〇人（三歳）、三〇人（四歳）と桁違いに増えるなかで、不安定な子どもがいると担任の先生の負担も格段に大きく、「やっぱり、おかあさんが」という言葉に結びついたのだろうと想像してみることは可能です。しかし、忠告をふるいにかける余力もなくなっていた当時の私にとって、その言葉は役に立たないだけでなく、泣きっ面に刺さるハチの針のように私を脅かすものでしかありませんでした。

どんな言葉よりもありがたいこと

限界まで頑張ってもうまくいかず、途方に暮れている子育て中のおかあさんに、「おかあさんがもっと頑張らないと」「こんなふうに頑張ったらいいよ」と助言や忠告をするのは、風邪を引いて高熱を出し、点滴を受けている最中の人に向かって、「もっと健康管理に気をつけないと」

「毎朝、乾布摩擦したら風邪を引きにくいからだになるよ」と言うのと同じようなことです。

そんなときは、どんな言葉よりも、かたわらにいる大人が、泣いている赤ちゃんをおかあさんの代わりに抱きあげてあげることのほうが役に立つのではないでしょうか。私の場合は、「いつでも（子どもたちを）連れておいで」と言ってくださり、時間を問わずときどき預かってくださった赤ちゃんホームの先生の存在があったことが、自分の主体的な力を取り戻すための一番の救いでした。

こんな経験があるせいか、私は子どもたちが大きくなった今でも、電車のなかなどでぐずって泣く赤ちゃんや幼児を必死で叱るおかあさんに遭遇すると、そのお子さんをさっと抱きあげたくなる衝動を抑えるのに苦労します。今のご時世、見知らぬ他人がそんなふうに距離を近づけることは難しく、また実際抱きあげてもさらに子どもに泣かれるだけかもしれません。それでも、私は必死だった過去の自分に戻って、泣く子に情動調律してしまうのをやめられないのです。

くりかえしになりますが、子育てにはさまざまな忠告がつきものです。でも、なにを受けとるか、受けとらないかは、あなた次第です。一般論としてどんなに正しくても、あなたが不安になるならば、それはよい忠告ではありません。迷ったときには、答えの手がかりは自分の側にあるということを、ぜひ覚えておいてほしいと思います。

頑張らない子育て

第6章 母親だけではできないヒトの子育て

おとうさんを同志に

「子育て」は母親ひとりだけではできない、とても手間暇のかかる営みです。正確には「ヒトの子育ては」と言ったらよいでしょうか。

出産や子育てにまつわるいろいろな疑問について、私はときどき動物行動学（エソロジー）の研究にヒントを探すことがあります。なにせ、ヒトも動物です。〝種〟としてのヒトの視点から見ることは、「ほどよい距離をとる」ひとつの工夫です。どうしてうまくできないのだろうと狭い考えにとらわれている自分の視野を広げ、気持ちを楽にしてくれます。

出産間隔が短いヒト

日米で四〇年にわたりさまざまな霊長類のフィールド研究を行った中道正之さんは、なぜヒトの子育てが母親だけでできないのかについて、こんな説を紹介しています（『サルの子育て　ヒトの子育て』角川新書、二〇一七年)。

ヒトと最も近いゴリラやチンパンジーなどの大型の霊長類の出産間隔は五〜六年かそれ以上であり、育てている子が完全に離乳してからでないと発情・妊娠・出産をしないそうです。長い年月をかけて、一子ずつ順にしっかり育てる戦略です。ところが、ヒトの出産間隔はもっと短く、二年以内であることも珍しくありません。つまりヒトは、上の子どもがまだまだ手のかかる時期に次の子どもを産み、母親以外の誰かがサポートをすることを前提に、同時に複数の子育てを行うシステムを進化させたのではないかというわけです。

わが国では、三世代家族が当たり前で、きょうだいも多く、近所との付きあいが密接だった戦後まもなくまでの時代には、このシステムが現実に機能していたと思います。サポート人員はいくらでも見つかり、父親の関与は必須ではありませんでした。しかしその後、核家族化と少子化が進み、どんどん事情は変化しました。平成二七年の国勢調査(総務省統計局「世帯構造等基本集計結果」二〇一七年九月公表)によると、核家族の全世帯に占める割合は五五・九%(単独世帯が三四・六%なので、それ以外がいかに少ないかがわかります)、また核家族で二〇歳未満の子どもがいる世帯の割合は全世帯の三五・八%です。さらにその内訳は、夫婦と子どもが七五・一%、母子家庭が二一・二%、父子家庭が三・七%です。

つまり、母親(または主たる養育者)以外のサポート人員は、たいていいないか、いても父親だけです。ひとり親の場合、サポート人員は家庭の外に求めるしかありません。しかし、核家族で子育て中の家庭の約四分の三には母親の貴重な協力者になりうる「おとうさん」がいることも、この数値から確かです。中道さんも、これからのヒト社会では、男性の子育て参加がどんどん大事になると述べています。実際に、雌雄がペアで子育てする小型ザルのおとうさんは、どんな種でもパターナル・ケア（父親的子育ての関わり）を行う姿が確認されていて、人間のおとうさんにもその力が備わっているはずだと断言しています。なんだか勇気づけられますね。おとうさんに子育ての「同志」になってもらい、協働（コラボレーション）できるかどうかは、もはや大家族の子育てがほとんど望めない今日のわが国において、ヒトが進化させた子育て戦略を活かす重要なポイントだと言えるでしょう。

本章では、おとうさんを子育ての同志にするために、おかあさんをはじめ私たちはどんなことを理解しておく必要があるかを考えてみたいと思います。女性が政府の施策や刷りこまれた価値観の影響を今もって受け続けているように、男性もまたそれらと無縁ではありえません。ひとりの父親の意識や行動の意味は、大きな背景のフレームのなかにおいてみて初めて見えることも多いものです。

父親教育のはじまり

私は核家族の共働き世帯で一九九〇年代に二人の娘を出産し、育てました。大学に進学する歳になったら、家から離れて自立させるという子育ての目標を夫婦で共有していたので、お互いに同志たる意識はもっていたと思います。時代背景としては、一九九〇年のいわゆる「一・五七ショック」後、少子化対策が徐々にはじまり、長女が生まれた一九九三年は、中学校で男子も家庭科が必修になった画期的な年でした。つまり、やっと義務教育において男性も出産や子育てについての基礎知識を学ぶようになったということで、それ以前の世代の多くは、はんだごての当て方は知っていてもおむつの当て方は知らないまま父親になっていたのです。

また、当時は産科領域でも、母乳育児推進のムーブメントと母親教育に合わせて、父親教育がはじまった時代でした。妻に引っ張られて病院で開かれる両親教室にやってくる男性もちらほら現れ、分娩立ち会いの心得を学んだり、新生児の沐浴の実習に緊張した面持ちで参加したりしていました。そこで学んだからかどうかはわかりませんが、私の夫は娘をお風呂に入れることが自分の役割だと考えたようで、仕事から遅く帰宅した日も、深夜に〝任務〟をはじめるのが常でした。

ベビーバスを卒業したあとの一歳過ぎ頃までの赤ちゃんの入浴は、ちょっとした工夫が必要です。まず、浴槽にお湯を張り、たまる頃を見計らって私が娘の服を脱がせ、おむつを外し、夫が浴槽に浸かったところへ抱いて運びます。夫は病院で習ったとおりに丁寧に娘を洗い（手を滑らせて浴槽にはめるという小さな事件もいく度かありつつ）、その間に私は食卓（ちょうどよい高さだったのです）にバスタオルやおむつを広げてスタンバイします。終わったと声がかかるとすぐに娘を迎えにいき、ガーゼのタオルで抱きとって食卓に戻り、湯冷めしないように手際よく拭いて服を着せるのですが、成長してだんだん動きが活発になってくると結構な重労働です。一連の協働作業のリレーがうまくいったときには、ささやかな達成感がありました。その頃の家族のアルバムをめくると、浴槽で誇らしげに長女を横抱きにしている「おとうさん」のスナップも残っています。

空回りする「イクメン」政策

その後、四歳下の次女が生まれてから二年たった一九九九年に、厚生省（当時）が「育児をしない男を、父とは呼ばない。」というキャッチコピーのポスターを作成し、メディアに大きく取り上げられました。少子化をなんとか食いとめるため、政府は「子育てのサポート人員」としての父親に注目し、その頃歌手の安室奈美恵さんと結婚して父親になったＳＡＭさんが赤ちゃんを抱いている写真を用いて、子育てするかっこいい男性というイメージ戦略を展開したのです。しかしこれは、世間が受け入れる準備状態ができておらず、単発に終わりました。実際、このポスターが掲げられていたのは保育所や児童館で、大企業のロビーではありませんでした。私は、娘たちの送迎のたびにこのポスターを目にして、こころのなかで「女性しか見ない場所に貼ること自体、ナンセンス！」と突っこんでいたものです。当時、子どもの送り迎えに来るおとうさんはまだとても少数派でした。

二〇一〇年になり、厚生労働省はさらなる少子化対策の一環として、男性の子育て参加をうながす「イクメンプロジェクト」なるものを立ちあげました。それまでの二〇〇〇年代に、私は勤務先の大学で子育て支援の共同研究プロジェクトに携わっていましたが、メンバーのなかには父親の子育て支援を含め、男性の支援を行っている若手の心理学者が複数いました。彼らは自らもその途上で父親となり、当事者グループの側面をもつおとうさんの「語り場」を運営する試みも行っていました。興味深かったのは、そこに集まるおとうさんの数はなかなか増えなかったものの、集まった人は一様に、「私たちはイクメンじゃない」「イクメンと言われたくない」と語ったというエピソードです。

厚生労働省の定義によると、「イクメンとは、子育てを楽しみ、自分自身も成長する男性のこと。または、将来そんな人生を送ろうと考えている男性のこと」です。ここにも「子育ては楽しい」のワナが仕掛けられていることに気づくでしょう。プロジェクト開始の翌年からはじまった

「イクメン オブ ザ イヤー」の表彰は民間も参入して行われていますが、たとえばイクメンコンテストの会場で子どもを片手で抱いて、もう片方の手でマクラーレンのバギーを押し颯爽と歩く男性の姿がネットで紹介されているのを見て、私も、「これは違う！」と感じていました。

ジェンダー学の視点から父親の子育てについて研究した巽真理子さんは、イクメンプロジェクトが発信する子育てする父親のイメージは、一九九九年のシンプルなメッセージとは異なり、ビジネスで成功し、かつ子育ても行う男性になっていると指摘しています（『イクメンじゃない「父親の子育て」――現代日本における父親の男らしさと〈ケアとしての子育て〉』晃洋書房、二〇一八年）。ネクタイが象徴的に描かれた二〇一四年のイクメンプロジェクトポスターのキャッチコピーは、「仕事ができるパパはカッコいい。育児もできるパパは、もっとカッコいい。」となっています。つまり、育児ができることは付加価値であり、そこで得たものが仕事にプラスに還元されるから意味があるという筋立てになっているのです。これでは、とても、おかあさんとおとうさんが子育ての「同志」になることは望めません。最終目標がビジネス力アップであれば、子育てが「お手伝い」のレベルにとどまってもある意味当然でしょう。

子育ては、楽しかったりカッコよかったりすべきでしょうか。「できる」おとうさんとは、仕事も、家庭も、子育ても見事にこなし、それだけの過剰な任務を楽しめる余裕のあるスーパーマン、つまり現実には不可能な理想あるいは幻想ではないでしょうか。さらに、そのような理想を自らに課すことは、「イクメン」と言いながら、「まずやるべきは仕事（ビジネス）」という、ダブルバインドのメッセージを投げかける政府の意図に気づかず翻弄される危険にも満ちているのです。

父親の長時間労働

子どもをもつことが、家の存続のためではなく、自分たち夫婦のライフスタイルとして選択できるようになってきた今日の男性のなかには、素朴に、子育てをもっと経験したいと思っている人が増えているのではないかと思います。それは、小さないのちを育む、ヒトとしての当たり前の営みにもっと参加したいという欲求です。にもかかわらず、諸外国に比べても、わが国ではなかなかそれが実現に向かっていません。

前述の巽さんは、父親の子育て参加を阻害する要因がなんなのか、先行研究や自身の調査をとおして多視点から探っていますが、そこから見いだされているいくつかの示唆のうち、私は次の二点を取り上げてみたいと思います。

まず、最大の要因は（多くの研究が一致して結論づけているのは）、育児期の男性の長時間労働です。

政府は働き方改革を推進していますが、男性が育児休業を取ったり時短勤務を行ったりすることは、いまだ特別な事情や特別な意識をもつ父親が、恵まれた職場環境にいるときにかぎられています。また、子育てにおける父親の役割は、家にいておむつを替えたり看病したりすることではなく、もっと子どもが成長してからの教育方針や、社会に出るときの助言を与えることだと主張する人もいます。しかし、幼少期に一緒にすごすことをとおして培った関係のない上に、ひとりひとりのわが子に的確な助言が与えられるかどうか、また子どもがそれをこころから受け入れるかどうかは疑問です。

この問題については、二〇二〇年春から「コロナ禍」のもとで多くの父親が自宅待機や在宅勤務を余儀なくされたことが、変化へのきっかけになってほしいと期待しています。少なくとも「緊急事態宣言」が発令されていた間、おとうさんたちは家ですごすことを、政府からも勤務先からも要請されました。鍵をかけた書斎でテレワークに没頭していたおとうさんもなかにはいるかもしれませんが、潜在的に「子育て欲求」をもっていた男性にとっては、自分の殻を破り、新たな可能性に目覚める意味深い時間になったのではないかと思うのです。ここで密接に幼いわが子とすごした時間は、これから一生の父子関係にとって財産になるかもしれません。

母親のゲートキーピング

もうひとつの阻害要因として私があげておきたいのは、巽さんが、石井クンツ昌子さんの研究

（『「育メン」現象の社会学――育児・子育て参加への希望を叶えるために』ミネルヴァ書房、二〇一三年）から紹介している「母親のゲートキーピング説」です。わが国では、父親が外で働き、母親が家庭を守るという家族のモデルが根強いため、母親は家庭の門番（ゲートキーパー）のような役割をとりがちです。妻は、夫や子どもの行動に関する許容範囲を判断・決定しており、夫がどれくらい家事や育児に参加するかを管理することで、自分自身の存在意義を確認しようとするという指摘です。ゲートキーピングは、無意識で行われている部分も大きいと考えられるので、おとうさんを「同志」にするにあたっては、おかあさんがまず自分の気づかないこころの動きに自覚的になることが大切だろうと思います。

じつは、この原稿を書きはじめたちょうどそのとき、長女が「こんな漫画が今話題になってるんだって」と、ある情報サイトの記事を見せてくれたのですが、それは、インスタグラムとブログで育児エッセイを発信している、あいさん（ペンネーム）という女性が描いた四コマ漫画でした。「子どもを〝お風呂に入れる〟という夫に言いたい、それは〝洗った〟だけだ！「激しく同意」」という記事で紹介されたこの漫画（https://www.instagram.com/p/B8p1jRMnmLU/）には、二・六万件の♡がついています。夫は子育ての協働者と自負していても、妻にとっては、そんなのはちょっとした手伝いにすぎない、という意識のズレが、多くの子育て中のおかあさんの共感を呼んでいるのでしょう。

ただ、その怒りをそのまま夫にぶつけるのはやめて、一呼吸おいて、自分のこころになにが動いているかを確認してから、どんな会話をするかを考えることが「同志」への作法だと私は思います。「パターナル・ケア」の下手さ加減や不足を責めたり、協力を期待せずに自分でやってしまったりするというおかあさんのゲートキーピングは、結局は自らおとうさんを子育ての同志の位置から降ろしてしまうことにほかなりません。同志との協働とは、目標を共有しながら、お互い対等に自分のできることを尽くすという意味であって、同じことを同じレベルで行うという意味ではないと思います。ぜひ、コロナ禍のピンチをチャンスに変えて、おかあさんの同志になるおとうさんが増えることを願っています。

第7章 「私が」頑張ってもうまくいかない
子育てはチームで

厚生労働省が二〇二〇年九月に発表した令和元（二〇一九）年の人口動態統計によると、合計特殊出生率は一・三六と、四年連続で低下し、少子化はますます加速しているのが今日の日本の状況です。夫婦で希望して子どもをもった場合でも、母親がもっぱら子育ての責務を負う現状はあまり変わっていません。「子育ては楽しい」「子育てもできるおとうさんは素晴らしい」といった政府のイメージ戦略とは裏腹に、ひとり目の子育てのゆとりのない現実に直面して、二人目を諦めるカップルも珍しくないのではと思います。

第6章で、家庭に「おとうさん」がいるなら、ぜひおかあさんの「同志」になってもらいましょうと書きました。しかし、やはり日本社会は、自分の志を主張することよりも集団の和を重んじる文化が根強く残っています。たとえ制度として可能であっても、みなが残業するオフィスからひとりだけ育児のためにさっと帰宅するには相当の勇気がいることでしょう。新型コロナウイルスの影響下では強制的に自宅にいた男性も、社会の経済活動の再開とともに、次は暗黙の「出勤」の圧力に直面します。

「私が頑張れば幸せになる」という信念

戦後、自立した個を重んじる欧米文化の価値観を表層で受け入れ、深層では古来の日本の個人より集団を重んじる和の文化をもち続けるダブルバインドな日本人のこころの構造は、子育てにも目に見えない負の影響を与え続けていると思います。私は、自分自身の子育てにおいて体験した疑問や葛藤を理解しようと模索するなかで、その構図というか、からくりに気づくことができました。「私が」努力して頑張ることが、私個人の将来の幸せと社会の進歩（すなわち集団としての幸福）を同時にもたらすのだという信念は、とりわけ私が育った昭和後半の時代社会に生きる人々が、無意識のうちに共有していたものでした。

自身の専門である臨床心理学にはじまり、文学、社会学、歴史学、霊長類学、比較行動学、ジェンダー学など、答えを探して貪欲に本を読み、研究会などで学ぶうちに、戦後の日本が共有するに至ったその独特な信念が、勉学や仕事だけでなく、子育ての領域にも入りこんでいたために、私は今このように苦闘しているのだと気づいたとき、目からウロコが落ちたように自分の主観的体験の見え方が変わり、こころが楽になったのを覚えています。「どの瞬間」という特定のエピソードを思いだせるわけではありませんが、いく度も「ああ、そうだったのか」という〈心理学で言うところのアハ体験〔"A-ha" experience〕〉体験をしました。

欧米的な個人としての「私」という主体を確立し、「私が」頑張れば幸せになるという信念は、二〇世紀後半の日本においては男女平等の理念と融合し、女性である私にも育ちの過程で刷りこまれていたことが深く納得されたのです。

この信念は今も脈々と受けつがれています。今、この本を読んでくださっている方の多くも、「私が」頑張らなくては、という責任感をもって子育てに臨み、あるいは取りくんでおられるのではないかと思います。社会では、責任を引き受ける覚悟なく子どもをもってしまってつらい状況に陥ったり、そこから逃げだしてしまったりするおかあさんの問題がよく取り沙汰されますが、それもまた根っこを探っていけば、「私が」頑張る方式の子育てが当然とされる、同じ信念にたどりつくのではないでしょうか。「私が」（つまり世間からすれば「あなたが」）頑張るべきなのだという圧力に耐えかねて、つらい状況に陥るおかあさんに対するまなざしについても、私は見なす必要があると思っていますが、ここではそれよりも、社会から気づかれにくく、自分自身でも気づきにくい、責任を抱えこみすぎてしまうおかあさんの問題について、考えてみることにします。

多様なメンバーが関わる子育て

子育てにおいて、同志のおとうさんがいつもそばにいてくれたら、こんなに心強いことはありません。しかし、日本の現状では、おとうさん個人の意思にかかわらず、その実現は相当に難しいと言えます。ではどうすればよいのか。霊長類のフィールド研究からも強く示唆されるように、ヒトの子育ては母親単独では成立せず、複数の大人が同時に複数の子どもを育てる前提になっています。それはおそらく、何万年もへる間に、遺伝子レベルに刻まれたパターンでもあるのでしょう。

発達行動学者の根ヶ山光一《ねがやまこういち》さんは、母親個人に子育ての責任が集中する日本の現状への問題意識をもって、二〇〇〇年代半ばから沖縄の宮古島と石垣島のほぼ中間にある多良間島での子育てのフィールド研究を行い、「アロマザリング」という子育てのしくみを再評価しています（『アロマザリングの島の子どもたち――多良間島子別れフィールドノート』新曜社、二〇一二年など）。アロマザリングとは、母親以外のコミュニティの構成員が複数で母業を行い、子育てに加わることを意味します。第6章で述べた「複数の大人で同時に複数の子どもを育てる」イメージと重なります。

この島には、子どもが生まれると「守姉《もりあね》」と呼ばれる血縁のない、もしくは遠縁の少女を選び、特別な絆を結ぶ習慣が今も生きているそうです。庶民が富裕層の屋敷に住みこむ方式から、それぞれの家族での居住へという変化が進んだ江戸時代の中期に、本土でも、「取り上げ親」「名づけ親」「乳親《ちおや》」「烏帽子親《えぼしおや》」といった、血縁のない大人と生まれた子どもに特別な絆をつくる風習があったことが知られていますが、守姉は、それと同様の、家族外のメンバーが物理的にも精神的にも子育てを担うしくみのひとつと言えるでしょう。多良間島では、祖父母や親戚、守姉以外にも、多様なメンバーが子育てに関わるシステムがあり、根ヶ山さんは、そのことが、親がわが子と自然に「別れ」、子どもがのびやかに自立していく大きな要因になっていると考えました。

このフィールド研究から受けとるものが、離島の消えゆく風習へのノスタルジーや、自然回帰の生活への憧れなどであっては決してならないと私は思います。親子がお互いを尊重し、適度な物理的・心理的距離を測り、適切なタイミングで別れていくためには、子育ての主体に母親以外の誰かが複数加わることが、とても重要な意義をもっているという指摘がここには含まれているからです。現代の都市部での子育てにおいてこそ、また「私が」子育てを頑張らなければと思う女性ほど、この指摘から学ぶことは多いのではないかと思います。

私自身の子育ても、最初は「私が」頑張る方式の典型と言ってよいものでした。長女が生まれたときは、一週間で退院してすぐ、おっぱいを増やす子育ての努力と同時に、今で言うテレワークを自主的にはじめました。できるだけ「私の」都合でクライエント（相談者）に迷惑をかけないよう、一部の希望者には自宅で遠隔相談を行ったのです。当時はビデオ通話やＳＮＳは普及していませんでしたから、電話が主なツールでした。相談予約の入っている時間帯に合わせて、離れて住む私の父に来てもらって赤ちゃんの見守りを頼み、私は別室に五〇分間こもって深刻な相談に耳を傾けるということをしていました。

同志たる夫は、平日は深夜帰宅でかたわらにはいませんでしたから、産後休業が明けて本格的に職場復帰するまでの二か月ほどの間、私は入試に新たな科目が加わった受験生のような切実さで、すべての科目を失敗しないように、少しでもよい結果を出せるように、昼夜奮闘していたような気がします。そして、職場復帰してからは、実際には赤ちゃんホームや保育所の先生方、同僚や友人など多種多様な人々とともにわが子を育てていたにもかかわらず、「私が」頑張らなければいけないという悲壮感は、やはり消えることなくつきまとっていたのです。

「私が」頑張る方式の破綻

ところが、この「私が」頑張る方式は、次女が生まれたときに見事に破綻しました。

次女が生まれて四日後、以前から決まっていた一年間の在外研究のため、夫が渡欧して不在になりました。密かに、四歳上の長女が「小さいおかあさん」になって手助けしてくれることを期待していたのですが（長女がお腹に宿ったとき私がまずわが子に抱いたイメージは「同志」でした！）、その期待はおおいに外れ、四歳分退行してしまったのです。

宣戦布告とも言える場面を、今もありありと思いだします。

退院してまもなく、友人のひとりが手づくりのホールケーキをもってお祝いに来てくれたときのことです。箱を開けると、純白のデコレーションケーキに、友人が趣向をこらしてつくったシュガークラフトの白い靴がのっていました。私が「わぁ、かわいい！　ありがとう！」と言い終わるか終わらないかのうちに、じっとかたわらで注視していた長女がその靴をさっとつかんで口に入れ、パリパリと噛んで食べてしまったのです。

呆気にとられた友人と私でしたが、なに食わぬ顔でしれっと黙ってそこにいる長女の心中には察せられるものが十二分にありました。叱ったり、泣かれたりという場面の記憶はないので、たぶん「仕方ないねぇ」と困ってみせるにとどめたのだと思います。と同時に、これからが思いやられるなぁと漠然と感じていました。

その予想は的中し、そこからまるで育児の教科書に書かれているとおりの、いえ、それをはるかに超えたスケールの退行がはじまりました。たとえば、ベビーベッドに次女を寝かしていると、いつの間にか柵を外して次女を下に降ろし（やっと寝かしつけたはずの次女は泣いています）、代わりに自分がそこに上がって、ほ乳瓶に入れたミルクを寝転んでチュウチュウ吸っている。ベビーバス代わりの洗面所の大きなシンクにお湯を張って沐浴の準備をしていると、先に自分が裸になってよじ登り、からだを折りたたんでそこに浸かっている、という具合です。今ならそれらを微笑ましいエピソードとして思いうかべられますが、物理的に「私」しかいない当時の子育て状況で、あと一滴の水でバケツがあふれそうな緊張感のなかでは、それらひとつひとつがこころの折れる体験でした。

とりわけ、ほとんど毎夜のおねしょがはじまったのには泣かされました。長女の許しを得て告白すると、この退行（対抗？）は、その後九年あまりも続いたのです。いろいろ勉強したり、病院に連れていったり、対応を工夫したりしてみましたがどれも甲斐なく、私は毎朝シーツとパジャマをまるごと洗濯するよりほかありませんでした。

私が学んだ教訓は、自分が努力するだけではどうにもならない子育ての現実がここにあるということです。

小学校に上がってから診察を受けた小児科医からは、「いわゆるおねしょですね」と説明されました。カウンセラーでもある私の頭のなかでは、それは「愛情が足りないせいですね」と翻訳されて響きました。足りていないことは明らかだと思いましたが、十分に出なかったおっぱいと同様、「私が」頑張っても無理なものは無理で、白旗を掲げざるをえませんでした。

主語を「私」から「私たち」におきかえる

冒頭にも書いたように、これらの体験とそれを理解しようとする一連の模索をとおして、私はある時期から、「私」という個人を主語にすえること、それ自体を相対化する必要に気づいて自分を追いつめることなく、おおらかに構えられるようになっていきました。足りないものは、誰かに足してもらえばいい。私は娘たちを信頼して託せる場を積極的に探し、ともに育ててくれる人にこころから感謝するようになりました。

たとえば私が出会った赤ちゃんホームの先生は（この方は教師の経験があり、働く母親のたいへんさも身をもってご存じでした）、産休明けから預かった子どもたちが大きく成長するまで、保育だけでなくしつけも教育も担ってくださる方でした。同僚には子育て経験者の女性が何人かいて、感染症後の自宅待機期間でどこにも預かってもらえない娘たちをやむなく職場に連れていくと、代わる代わるわが子のように世話してくれました。小学校低学年時代は、近所に住む働くママ友も頼りになる存在でした。早朝から遠距離の出張に出ないといけないときは、前夜のうちに着替えの入ったカバンと翌日の用意が入ったランドセルを背負った娘をそこへ泊まりに行かせました。翌日、娘はその家の友だちと一緒に登校し、学校が終わったら学童保育所やお稽古の塾で夕方まですごし、夜は慣れ親しんだ赤ちゃんホームの先生宅に帰って、晩ご飯を食べお風呂に入り、そこへ私が迎えにいくという「リレー」のような状況もよくありました。

そんな、にぎやかであわただしい日々を重ねるうち、結果的に長女のおねしょは課外活動の初めての合宿を目前に、ある日突然終わり、二度と再燃することはありませんでした。あとになって「なんで治ったんだろうね？」と問いかけたところ、「さあ、幸せになったからじゃない？」という答えがあっさり返ってきました。じゃあ、それまでは不幸だったのか、と突っこみたくなるところですが、娘のなかで時が満ち、なにか得心がいったタイミングだったことはたしかな気がします。

「私が」頑張れば、あるいは「私が」頑張りさえすれば、という意識のあり方は、受験勉強や仕事の業績づくりにはある程度有効かもしれませんが、生きている人を対象とする営みにおいては、こと子育てにおいては、ときに逆効果で、むしろマイナスの影響を及ぼすこともあります。ヒトとして、動物として、子育ては誰か個人の幸福や達成のために行う営みではないのだという当たり前のことに気づいたとき、「私は」どうしたいのか、何をすべきかと考えるのではなく、「私たちは」どうするのかと考えることが、私にも少しずつ自然にできるようになりました。

ここで言う「私たち」とは、抽象的な多数者のことではなく、先ほどあげた例のように、目の前の子ども（たち）を育てる複数の大人のことです。さらに言うと、価値観や目標や方法を共有し、協働できる「チーム」を指しています。私は、娘たちをともに育ててくれるチームのメンバーがいなかったら、とてもひとりではやってこられなかったと思いますし、そのような子育てによって子どもたちにも多くの見えない財産を残せたと信じています。昔も今も、離島でも都市部でも、じつは子育てはチームで行われるものだということを意識しなおし、「私」ではなく

「私たち」を主語にして考えることが、ますます必要になっているのではないでしょうか。

子育てに活きない自己効力感

実証的研究の知見もひとつ紹介しておきましょう。

小児・思春期専門の精神科医で、子育て支援の実践も長く続けてこられた原田正文さんは、ご自身が担当した「大阪レポート」と呼ばれる大規模調査（一市の一九八〇年生まれのすべての子どもを対象として、小学校入学後まで追跡したもの）と、「兵庫レポート」と呼ばれる二〇〇三年の大規模調査（同様に、一市の二〇〇〇～二〇〇三年生まれの子ども全部を対象としたもの）を詳細に比較分析するなかで、二〇年間の子育て現場の急激な変化を明らかにするとともに、自己効力感（self-efficacy）が高いと自己評価する母親は子育てで困難を感じやすく、またそのような母親の子どもは発達が遅れているという傾向を見いだしています（『完璧志向が子どもをつぶす』ちくま新書、二〇〇八年）。

自己効力感とは、「初めはうまくいかない仕事でも、できるまでやり続ける」「重要な目標を決めたら最後まで成し遂げる」「人の集まりの中では、うまく振舞える」「思いがけない問題が起こった時、それをうまく処理できる」などの項目で測られる特性であり、高いほうが職業上の達成につながることは一目瞭然です。しかし、子育てにおいては、この特性が強いほうが、自分で頑張ろうとして孤立し、子育てのストレスを感じやすく、また子どもの能力も低くなるというのです。つまり、「私が」頑張りさえすればできるはずと思って子育てに臨む母親ほど、子育てはうまくいかないという可能性が示されているわけです。

私は幸運にも娘たちを育てるチームに恵まれ、あとからそのことに気づきました。これからの時代に子育てに臨むおかあさんたちには、ぜひ最初からチームで育てるという意識をもっていただけたらと願っています。

かつて、このような話を子育て支援のセミナーや講座ですると、「そんなことを言う人がいるから、若い母親が努力しなくなるんだ」と苦言を呈する年長の参加者（たいてい男性）が必ずひとりはいて、残念に思ったものです。今なら、「二〇一九年のラグビーのワールドカップを思いだしてください」と語りかけるところでしょう。歴史的大健闘を果たした日本代表チームが掲げたスローガンは「ワンチーム」でした。ボールをゴールに運ぶためにそれぞれが自分の役割を果たしつつ呼吸を合わせて進んでいくとき、誰ひとり、甘えて手を抜いている選手はいません。そこには、個人競技とは質の異なる努力とその醍醐味があり、ゴールにたどりついた喜びがあるということを、子育てをほぼ終えた今の私なら、少しばかり自信をもって言えそうな気がしています。

第8章

きょうだいを育てる

葛藤がきたえる絆

現代の子育てで難しい課題のひとつに、「きょうだいを育てる」ということがあります。大家族が当たり前だったかつての時代と異なり、自分自身が一人っ子だったり、きょうだいがいても歳が離れていたりすると、家族のなかで複数の子どもを一緒にどう扱ったらよいか、自分の育った経験からはなかなかつかめないことが多いからです。私自身も核家族の一人っ子でしたから、娘二人の子育てはとても新鮮で、教えられたことはたくさんありました。

子どもは生まれたように育つ

まず、よかったこと（助かったこと）をあげてみましょう。

私がきょうだいを育ててみて実感したのは、なにより、同じ親が、毎日同じリズムで、同じご飯を食べさせ、同じしつけをしても、こんなにも違ったふうに成長するのだということでした。

好き嫌いが激しい、片づけが下手、落ち着きがないなど、わが子に困った兆候が現れると、母親というものは自分の育て方が悪かったのかと自責の念に駆られたり、実際に身近な誰かからそう責められて落ちこんだりしがちです。私も例にもれずで、長女のときは育て方の問題にとどまらず、「（お産のときの）いきみ方がまずかったから？」「お腹のなかにいるときに階段で転んだせいい？」と、どんどんさかのぼって不安をふくらませていました。

ところが、次女が成長してきょうだい二人のまったく違う個性がはっきり顕れてくると、なんだ、親がこうなってほしいと一所懸命に育てて実現することよりも、子どもの生まれもった素質が花開こうとする力によって実現することのほうがはるかに大きいのだ、と悟ったのです。ふりかえってみると、二人の娘は、お腹のなかにいる間から胎動の大きさもテンポも、まったく違っていました。

子どもは育てたように育つのではなく、生まれたように育つ。

そう納得できて、私は子育てに決してプラスにならない余分な罪悪感からかなり解放されたのではないかと思います。

保育所の幼児クラスから小学校時代にかけて、保護者面談に行くと、どの担任の先生からも判で押したように言われた言葉が、長女の場合は「マイペースですね」、次女の場合は「いつも手伝ってくれて助かっています」でした。幼児期のお気に入りも、長女の場合はイグアナのフィギュアにゴジラ、バルタン星人、カネゴン。次女の場合は赤ちゃん人形のメルちゃんとディズニープリンセスグッズ。長女は気になるものを見つける（思いつく）とそれに夢中になる性質で、小学六年生のときにランドセルを教室に忘れて手ぶらで楽しそうに帰ってきた逸話が残っています。次女は、自分より年少の子どもに靴をはかせたり、すぐ迷子になる姉を見つけて連れ帰ってきたりするような、人の世話が得意な子どもでした。

そんな二人の特徴に対して、当時の私が思いうかべていたのはこんなイメージです。

砂金の採れる浅い川にザルをもって入るとします。長女は目の粗い大きなザルをもち、遠くにキラッと光るものを見つけるとジャブジャブと歩いていってざっとすくう。じゃじゃもれなのだけれども、ときどきでかい砂金が残る。一方の次女は、目のこまかいザルをもち、姉のあとから進んでいって足下にじっと目をこらし、着実に見つけたものをすくいとっていく。結果的に採れる量は二人とも変わらないのだけれど、見つけ方やたどりつく方法が対照的に違うのです。

「あんたたちきょうだいは、二人で組んだら最強のチームだよ」

実際、私はよく娘たちに話したものですが、残念ながら、毎回、二人とも「うん」とは言ってくれませんでした。

異なる個性をもつきょうだいが助けあって生きていってくれたら、というのは親として率直な願いです。しかし、どうやらそれは親の一方的な願望であって、娘たちにとっては最近まで「無理難題」にしか聞こえていなかったようだということが、あとからわかってきました。

きょうだい葛藤

次は、難しかったこと（考えさせられたこと）です。

この本を書き進める途上で、たまたま三人でいるときに、「なにか取り上げたほうがよいテーマはある？」と尋ねてみたのですが、間髪を入れずに次女が「きょうだい葛藤のこと！」と答えたのには驚きました。彼女の記憶にしたがって、自宅にある私の古いノートパソコンを久しぶりに立ちあげ検索したところ、十数年前、次女が小学校高学年の頃に書きためたワープロソフトの文書ファイルがたくさん出てきました。半分は創作物語、半分は日記のようなつぶやきやこころの叫びです。なんと、私は自分の仕事用のパソコンに次女がそんな「間借り」をしていたことに、まったく気づいていませんでした。使う許可は与えていましたが、彼女の名前がついたファイルになにが保存されているか開けてみたことがなかったのです。鍵もかかっていない日記帳が机の上にぽんとおいてあるようなものなのに、お気楽な（鈍感な？）母親だったんですね。

ぜひ読んでみてと言われたのは、「ツインズフィーリング」と題された四章から成る物語で、比べられたくないきょうだいの心理が双子の主人公におきかえて綴られていました。「一緒にいたくない、一緒にいたい」「相手をもとめたり、つきはなしたり」というきょうだい間の矛盾した気持ちと葛藤の描写には説得力があり、さらに参ったなと思ったのは、「そのとき、重要なのが親の接し方です」「ふりまわされないで」「子どもの言うことを尊重して優しく接してあげて」と、双子（きょうだい）を育てる親の心構えへの忠告まで書かれていたことです。

ちょうど女子の小学校高学年は、心理学の区分では「前思春期」と名づけられ、抽象的で内省的な思考が可能になる時期です。次女も一〇歳から一一歳にかけてのこの頃、「私はなぜこの親の子として生まれてきたのか」「なぜこの人の妹なのか」「私は死んだらどこへ行くのか」といったことをよく考えていたようでした。長女のほうは四歳上で思春期まっただなか。妹に優しくしたかと思えば、日記に「〇〇（次女の名前）、死ね」と書きなぐっていたらしく（それも、あとになって次女の訴えで知りました）、感情は両極に揺れがちでした。きょうだい葛藤が親の前でもストレートに言動に表れていた幼少期と異なり、親の見えないところで心理的応酬がくりひろげられていたのです。当時の私はそんなことには気づいておらず、あるとき二人の仲裁に入ろうとして、「ママにはきょうだいがいないから、私の気持ちがわかるはずない！」と次女に一喝されたことだけが、鮮明に記憶に残っていました。

無意識のレッテル貼り

きょうだいには、出生順や性別などにより、ある程度一般化できる特徴があります。長子は早く大きくなってほしいという親の期待を受け「よい子」「しっかり者」の役割をとりやすく、末子はずっとかわいい子どもでいてほしいという親の期待を受け「甘えん坊」になりやすく、中間子は上下にはさまれた自分をアピールするために「やんちゃ」や「おもしろい子」の位置をとりやすい、などです。性別（ジェンダー）ごとの期待というのも、まだまだ根強いものがあります。それに子どもの個性が加わり、きょうだい同士というのはいくら親が公平に育てる努力をしたとしても、お互いに羨望や怒りや、複雑な葛藤を抱くことは避けられないものなのです。

頭ではそうわかっていても、自分の経験のなかにない「きょうだいの気持ち」について、ことさら私は鈍感だったのだろうと思います。それぞれの個性を言葉にして話すことはあっても、〇〇ちゃんのほうがよくできる、できない、といった比較はしなかったつもりです。それなのに、長女は次女に追いかけられる悪夢を見るし、次女はどうにかして長女に勝つために同じ土俵に上がろうとするのが不思議で、私はどうすればよいのか思案し続けていました。「得意分野が違うのになんで同じことで競うの？」と、無駄とわかりつつ何度もたしなめたことを覚えています。

最近になって少しずつわかってきたのは、まず、砂金採りの喩えではないですが、二人をこんなふうに限定的なイメージの枠に当てはめる言動自体が、きょうだい葛藤を助長したかもしれないということです。たとえほめ言葉でも、ニュートラルな評価でも、くりかえしそのように語られることは、ある種の「レッテル貼り」の役割を果たし、子どもはその枠に自分自身を合わせていってしまう可能性をはらんでいます。私の娘たちにとっては、その枠は理不尽な押しつけと感じられ、その枠を壊す（相手の土俵でも勝てることを証明する）ことに必死にならざるをえなかったのでしょう。

二人の息子を育てたアメリカの臨床心理学者ハリエット・レーナーは、自身の子育て経験をもとにした著書『女性が母親になるとき――あなたの人生を子どもがどう変えるか』（高石恭子訳、誠信書房、二〇〇一年）のなかで、きょうだいに対するそのような「レッテルの否定的な力」について ふれ、「わが子に貼ったレッテルは、遠い将来子どもたち同士の仲を裂くかもしれない」と書いています。たとえば、「世話好きな、気配りのできる子」という枠にはめてひとりを見てしまうと、その子の甘えたい気持ちは見すごされてしまう可能性がありますし、またもうひとりはきょうだいでバランスをとるかのように、ますますマイペースで自分のことに熱中していく可能性を生みます。私は、歴代の担任が次女に貼るレッテル（相手の気持ちを汲みとり、配慮し、ふるまえるというほめ言葉）の否定的な側面には自覚的だったので、毎回、「頑張ってそうしているけれども、じつは傷つきやすく自分も甘えたい子どもなので、気をつけてやってください」とお願いしていました。しかし、自分自身の行いの影響に対しては、思っている以上に無自覚だったのです。

相性についての自覚

次に考えさせられたのは、親子にも合う合わないの相性があって、きょうだいに対してひいきはしていないつもりでも、親は無意識に異なる反応をしているのだということです。

たとえば、これも大雑把な比較になりますが、長女はどちらかというと父親に似た性格で次女は母親の私に似ています。私も目のこまかいザルで砂金をすくうタイプで、次女の行動や思考はある程度予想がつき、理解しやすいのです。一方、私にとって長女はしばしば想像を超えた動きを見せるので、驚きの連続です。「へぇ！」「なんで？」「まさか！」という私の反応は、次女にとっては自分に対する無関心とも思える薄い反応と比較して、「称賛」のように映っていたのかもしれません。

きょうだいの子育てでは定番の、「私と○○とどっちが好き？」という問いに対しても、私はこころから「どっちも同じだけ好きよ」と答えていましたが、小学生の次女が納得することは決してありませんでした。どちらに対しても、相性が悪いと思ったことは一度もないのですが、それでも子どもの側からすれば私の反応には明らかな差があり、きょうだい葛藤を増幅させていた可能性があると気づきました。

かりに、相性が合わない子どもがきょうだいのなかにいた場合は、自分の無意識的な反応の傾向についていて、さらに自覚的になる努力が必要ではないかと思います。

これは母親にかぎらず、父親もそうですが、一般的に言って、自分が認めたくないと感じている特徴を受けついだわが子に対しては、否定的な気持ちを抱きやすいものです。相性が悪いと感じるとき、しばしばこのような構造が隠れています。たとえば自分が幼い頃、慎重な性格で気が弱く、人前で言いたいことをはっきり言えないために親から「ダメな子」扱いされてきたとすると、同じような様子を見せるわが子に対しては、無性に腹が立ってはねつけたり、反対に不憫に感じて庇いすぎるということが起こります。きょうだいの一方がそのような扱いを受け、他方がそうでなかったり、さらには理想化されているような場合には、きょうだいそれぞれが傷つき、お互いに嫉妬したり疎遠になってしまったりすることがあるのです。ほかにもありがちなのは、夫婦間に抑圧された否定的な感情があるとき、相手と似た個性をもつ子どもに知らず知らずのうちにそれを向けてしまうことです。

もしあなたがきょうだいを育てていて、子ども同士が常に攻撃しあったり、お互いのこころに深い溝ができているように感じられたら、子どもたちをなんとか仲よくさせようと躍起になる前に、まず自分のこころを覗いてみることが先決です。わが子に複雑な感情を抱くこと自体は、誰しも避けることはできません。問題は、無意識的であり続けることの弊害です。

人生はシーソーのごとく

最後に、もうひとつこれまでの子育てをとおして考えさせられたのは、きょうだいの年齢差やさまざまな外的要因によって、きょうだい葛藤には短期間では解決できない部分が加わってくるということです。

私の娘たちの年齢差は、四歳です。四歳差というのは微妙な間隔で、世話する・される関係にもなりきらず、同年代として群れるにはちょっと遠いようでした。次女が生まれたとき、もうすぐ四歳の長女はすでに「わたし」という確固たる意識をもっていて、周囲の大人の関心が急に自分から離れたのを敏感に感じとり、「わたしなんか、うまれてこなかったらよかった」と訴えるほどショックを受けていました。次女が小学校に上がる頃には長女は前思春期のさなかにあり、幼い妹には関心がなく、次女が高学年になると長女は思春期のさなかで、同性のきょうだい葛藤がピークに達し、次女が思春期のさなかのときは、長女はもうそこを抜けて大学生になり家を出るというふうに、たんに興味関心が異なるからではない発達的なタイミングのかみあわなさがあったのです。また、そこに中学受験、高校留学、大学受験、といったそれぞれの大きなライフイベントもはさまり、そのときどきで、私が娘たちに向けるエネルギーの配分も必然的に変わりました。

長いスパンで見てみると、そういった複雑な要因が絡まりあった結果、娘たち二人の人生はシーソーのように交代で上がったり下がったりの波を描いてきたように感じます。次女が上り調子のときは長女が自己否定的になり、長女が「わが世の春」を迎えると次女が自信を失い低空飛行が続く、といった具合です。娘たちの成長期をとおして、私はこのシーソー現象がなぜ止められないのか、とくに下がったほうをどうやって上げたらよいのかを思案したり、「もっと自分に自信をもとうよ」と言葉で説得したりして、結局うまくいかないことをくりかえしてきました。「最強のチームだよ」と言われるのと同様、当時の娘たちにとっては、親が安心したいための勝手なお説教にしか聞こえていなかったのでしょう。

娘が二人とも二〇歳を超えて大人になり、お互いに離れて暮らすようになった今では、以前よりずっと相手を客観的に受けとめ、認めあえる関係になっていることがわかります。私がここから得た教訓は、長い一生の間には誰しも浮き沈みの波はあり、子育てにおいても、親はもっと大きな周期でわが子のそれをおおらかに眺めることが大事だということです。きょうだい葛藤は避けられないものであり、親の力でなくそうとしても無駄だということです（もちろん、いろいろな要素がたまたまうまくかみあって、葛藤が少なく仲のよいきょうだいというのもあるでしょうけれども）。

それよりも役に立つのは、わが子たちがどのようなきょうだい葛藤を抱えながら育っているのか、自分の未解決の問題がどのようにそこに影響を及ぼしているのかを考え続けることではないでしょうか。きょうだいを育てることは、親と子の、そして子ども同士の間に交わされる情緒的関係のバリエーションを増やし、やっかいだけれども豊かな経験を得るチャンスになります。葛藤を抱え続けることにより、きたえられて強くなる絆があるのです。

ネイビーのシンプルなランドセルを選んだ長女と、ピンクでかわいいウサギ模様のついたランドセルを選んだ次女（洋服も絶対に姉のお下がりは受けつけませんでした）は、今ではメイクの情報を交換したり、相手の洋服を着てお洒落の幅を広げてみたりする仲になっています。一〇年前にはまったく想像できなかったことでした。今後も、それぞれのライフイベントの訪れるタイミングによっては、シーソーが大きく傾く時期があるかもしれません。それも含めて、一〇年後はどうなっているのか見届けてみたいなと思っています。

第9章

負の感情との付きあい方

「話す」ことで「離す」

妊娠、出産、子育てという、女性が母親になっていく過程で体験するさまざまな感覚や感情の多くは、人生で初めて遭遇する未知のものであり、混沌としていて、ときに圧倒する力をもっています。しかしながら、「わが子はかわいい」「子育ては楽しい」がデフォルトに設定されている現代の子育てにおいては、そこに当てはまらない感情は表現することが難しく、個々の母親のこころのなかに抑えこまれたままになりがちです。

子育ての過程でわきおこる負の感情

子育ての営みはまた、人間にとって、自分自身の子ども時代を内的に生きなおす過程でもあります。親に顧みられない、あるいは幼少期に酷《むご》い扱いを受けたと感じている女性は、たとえ成長して自分が幸せな家庭を築いたとしても、子どもが生まれ、幼いわが子が周囲の愛情を受けてなんの不安もない様子で眠ったり笑ったりしているのを見ると、ときとして、穏やかではいられなくなります。自分はあれほど酷い目にあってきたのにこの子は幸せなのが許せない、という感情を抱くのです。顧みられなかった過去の幼い自分の怒りがよみがえり、母親となった自分を脅かすということです。

また、わが子が誰かにかわいがってもらうのを見ると、まるで歳の近いきょうだいのように嫉妬する人もいます。もうずいぶん前になりますが、子育ての困難を抱えて母子並行のセラピー（母親はカウンセリング、子どもは遊戯療法《プレイセラピー》をそれぞれ別の担当者がついて別室で行う方式）を毎週受けていたある女性は、子どものセラピーがときどき規定の時間に終わらず数分延長すると、「あの子だけ長く遊んでもらってずるい。私も（同じだけ長く）話を聴いてほしい」と、親担当の私に真剣に訴えかけてきたことを思いだします。仕事もして、社会的生活はしっかりできている人でしたが、子育てのなかでわきあがる感情を自覚し、コントロールすることは、何年にもわたって難題であり続けました。

ここまで持続的なものではなくても、子育ての過程でわきおこる負の感情や衝動に戸惑い、傷つき、ひとりでつらい思いを密かに抱えている母親はそう珍しくないのではないでしょうか。たとえ、子育てをサポートする家族や地域のシステムがあったとしても、そのような負の感情に圧倒されていればいるほど、自分から支えを求めることはできないでしょう。

圧倒的な孤独

私自身の経験をふりかえってみると、子どもがお腹にいる間は幸い、自分を脅かすような感情に圧倒されることはありませんでした。最初の妊娠は四か月に入るまで気づかず、いつもどおり全力で仕事をしていました。ついに出張先で体調を崩して何科の病院に行けばよいのだろうと思案するなかで、その可能性に思い当たったのです。案の定、近所の産婦人科の先生には「お腹周りが太ってきたのに気づきませんでしたか？」と笑われました。それくらい、自分のからだというものに無頓着でいられたのですね。

一九九〇年代前半の当時、私の職場で在職中に女性教員が出産した前例はなく、私より年長のある先生は、「私なんか、前任校で病気休暇取ってお産したのよ」が口癖でした。臨月になっても大きなお腹を抱えて出勤する姿を見て、総務の職員の方から「そろそろ休んでいただいたほうがいいかも……」と気にされる程度で、私は予定日の一週間前まで、担当している学生数人のカウンセリングを行っていました。からだは重くて寝返りを打つのも一苦労、という不自由さはあっても、「身ひとつ」の間は自分の行くところへお腹のなかの赤ちゃんも否応なくついてきてくれます。戦前に生まれ、田舎で育った両親をもつ私には、「動いていたほうがお産は軽くなる」「昔は産気づくまで田畑に出ていたものだ」というかつての常識が刷りこまれていて、自分もそんなものだと思っていたのです。実際、次女のときは陣痛が来る日の午前中まで職場に顔を出していたくらいで、周囲の人もそれを受け入れてくれていました。

事情が一変したのは、産後、わが子と一緒に退院して自宅に戻ってからでした。

私が最もつらかった場面として思いだすのは、子育てのために近隣の県から三か月前に引っ越してきたばかりの家の広いリビングで、しんとして音のない静寂の空間に自分がいる光景です。白い出窓には真新しいレースのカーテンがかかり、陽が射しこむベビーベッドのすぐそばに、私が横になれる布団が敷かれています。お祝いの来客があると部屋には笑いがあふれ、客観的には、絵に描いたように幸せな赤ちゃんのいる風景です。しかし、その人たちが帰ってしまうと、再び静寂が訪れます。まだ言葉の通じない異星人のような新生児とともに、私は異空間に閉じこめられたような感覚に襲われました。

現実には、窓の外を通る車の音や、往来する人の声も聞こえていたにちがいありません。耳をすませば、わが子の息づかいも聴きとれたでしょう。しかし、私の記憶のなかでは、音もなく、時間も止まり、永遠にそこから出られないのではないかと感じられるような静寂なのです。もちろん、静寂はわが子が泣けばすぐ破られるのですが、世話をする間も私の独り言が宙に響くだけです。当時はインターネットやＳＮＳはおろか、携帯電話も普及していませんでしたから、気軽に誰かとやり取りすることもできません。

その静寂のなかで、涙がこみあげ、勝手にぽろぽろと泣けてくるのです。これは、おっぱいとの格闘で流した悔し涙とは別物です。「マタニティーブルーというやつだね」と頭で理解しても、たいした救いにはなりません。その瞬間瞬間、小さないのちを守る全責任を負い（少なくともそう感じ）、この窓の外の世界で自分の意思で自由に活動する私以外のすべての人々とは切り離された世界に母子で閉じこめられているという、圧倒的な孤独に私はさらされていたのだと思います。もう「身ひとつ」だった頃の自分には二度と戻れないことを実感し、ついこの前までいた「自分」の喪失を、ひとり哀しんでいたのかもしれません。

こんなふうに、自分のつらかった体験を言葉にできるようになったのは、少したってからです。母子関係の治療に大きな功績を残した著名なイギリスの小児科医、ドナルド・ウィニコットが「正常な狂気」と名づけたように、妊娠中から出産後しばらくの母親の内的世界は、統合失調症のような重い精神病レベルに匹敵する感受性の高さと混沌の性質をもっています（D・W・ウィニコット著／北山修監訳『児童分析から精神分析へ』岩崎学術出版社、一九九〇年）。この時期の母親の主観的体験は、そう簡単に日常の言葉にはならず、まして、祝福したい気持ちでいっぱいの周囲の人に向けては、なかなか表現できないものなのです。断片的に、「もう嫌だ」「逃げだしたい」「産まなければよかった」といった言葉が発せられることがあっても、おかあさんを取りまく周囲の人は、あわてて否定しにかかったり、非難したりしないでほしいと思います。話せることこそ、つらい渦中にある人が、そこから抜けだしていく第一歩だからです。

「話す」ことで「離す」

私は職業的トレーニングを受けるなかで、また相談に来てくださったクライエントの方々との協働作業のなかで、曰く言いがたい複雑な感情を言葉にする力が多少は身についていたからか、ただ混沌に耐えるだけでなく、産後休業中の自分の状態を誰かに話したくてたまらなくなり、先に母親になった友人に電話をかけるようになりました。

「あのね、三日で拘禁反応が出たわ」「誰か、檻から出して！」からはじまる私の話を、受話器の向こうで、みな笑って聴いてくれました。ちなみに、拘禁反応とは、人が強制的にどこかに閉じこめられ、自由を奪われた状態が続くときに呈する症状をさす精神医学と心理学の用語です。

職場に復帰してからは、カウンセラーの同僚に五人のお子さんを育てているたくましい先輩ママがいて、安心してなんでも話すことができました。「五人いるとね、大人二人で手をつかんでも、まだ一人余るのよ」からはじまる、そのおかあさんの一番インパクトのあるお話は、車に五人乗せてどこかへ行く途中で、気づいたら後部座席の窓からひとり落ちていて、あわてて拾いに行ったというエピソードでした（昭和の時代、車の窓はドアの内側のハンドルをくるくる回して手動で開閉するものが多く、子どもが自分で開けることができたのです）。「子どもは、食べさせてさえおけばなんとかなる」というのも口癖でした。

ここまでの章でも告白してきたように、私の子育ては、いろいろな幸運に恵まれて、徐々に肩の力が抜け、おもしろさを感じられるものになっていったのですが、スタートの段階では格闘の連続でした。なかなか思ったように寝てくれず、ぐずるわが子を抱っこするのに疲れたとき、「ムカつく！」「おむつと一緒に洗濯機に放りこんでぐるぐる回してやる！」なんていう、直接子どもに向かって叫んだら即虐待のようなセリフも、仕事仲間や働くママ友にはときどき話していました。

「話す」ことは、「離す」ことに通じます。

もやもやと自分のなかにうごめくなにかを、そのまま抑えこむのではなく、とにかく言葉にして誰かに発することは、自分を脅かすその「なにか」を自分から引き離し、距離をおいて眺めることを可能にします。独り言ではダメなのです。受けとめてくれる誰かに向かって話すことによって、その言葉が誰かと共有され、ひとりではこわくて眺められないそのなにかを見つめなおすことができるようになるのです。日記のように書きとめることも、自分の感情を見つめるのに役立ちますが、書かれた文字はあとに残るので、下手をすると過去の自分にいつまでもとらわれる弊害を生んでしまいます。

赤ちゃんは日に日に成長していきますから、今日、問題だったことが、来週にはもうなんの問題でもなくなっているということが多々あります。「話す」はまた「放す」にも通じます。まずは、言いっ放しでよいのです。「檻から出して！」とくりかえし誰かに言い放つことによって、私は重圧に怯える自分自身の気持ちを対象として眺め、多少でもコントロールできるようになっていきました。そう話せる誰かが身近にいてくれたことに、本当に感謝しています。

「語り」が紡ぎだす人生の物語

「話す」と似た言葉に「語る」があります。私が今、こうして自分自身の子育てについて綴っているのは、「語り」を文字にしたものです。話すと語るは、どのように違うのでしょうか。

心理療法やカウンセリングにおいて、私たちが初めてクライエント（相談者）にお会いするとき、申込書を拝見しながら「自由にお話しください」「話したいことからどうぞ」と口火を切るのが一般的で、「語ってください」とは言いません。そして、初回の面接がうまく運んだときは、セッションの終わりに「話して気持ちが楽に（軽く）なりました」とクライエントが言われることが多いものです。一方、治療のプロセスが進んでいくと、私たちはクライエントの話すことを「話」ではなく「語り」として聴くようになります。その方の人生の新たな物語（story）が、浮かびあがってくるようになるのです。

臨床心理学者の河合隼雄先生（私の恩師でもあります）は、心理療法において「物語る」ことの意義を考察した論考のなかで、「物語は多くのものを『つなぐ』機能をもっている」と書いていま す（「『物語る』ことの意義」河合隼雄総編集『講座　心理療法2　心理療法と物語』岩波書店、二〇〇一年）。語るという行為には、たんなる事実関係の記述とは異なり、あるひとりの人が、過去と未来、自分と他者、別々の事象などを主体的につなぎ、意味を生みだしていく作業が含まれているということです。

かりに同じ状況を経験したとしても、それをどのように語るかは、ひとりひとりみな違います。混沌とした内的世界の状況を話すことによって、それぞれの話はばらばらで断片的であっても、ひとりの受け手がずっとその話を聴き続けていくうちに、それらはやがてまとまりを帯び、物語になっていきます。複雑な問題や、解決しようのない人生の苦悩を抱えたクライエントが臨む心理療法やカウンセリングの過程では、長い時間をかけて、自分を支える新たな物語が創出されていくということが起こります。

同様に、妊娠、出産、子育てという人生の重要な局面で経験される、混沌として、しかし豊かな感情と付きあうときにも、「話す」ことは、ひとりでそれらを抱えて押しつぶされないための、最も身近な方法だと言えるのではないでしょうか。私自身は還暦を過ぎ、子育てについては「話す」ことを卒業し、そろそろ物語として語れる地点に近づいたような気がしています。まだまだ、結末はくつがえされる可能性が十分ありますけれども。

第10章

距離という劇薬

ほどよい母親でいるために

子育てが時代や社会の価値観によって大きく影響を受ける営みであることは、おっぱい問題やおむつ問題をとおして考えてきたとおりです。さらに、二〇二〇年の春から世界中にふりかかった新型コロナウイルス感染症の問題は、私たちに家族の「距離」という問題を意識させるきっかけとなりました。

二〇二〇年四月、新型コロナウイルスの感染拡大が止まらないため、政府はまず七都府県に、次に全国に緊急事態宣言を出し、社会的距離をとって家にいることが至上命令となりました。人から人へ伝染する目に見えない敵を制圧するためには、社会的な場（物理的に人が集まり交流する場）から撤退し、人との「距離」をとること（social distancing）が最大の武器だというわけで、学校はもちろん、図書館も、動物園も、遊園地も閉鎖されました。せめて公園で遊ばせようと子どもを連れていっても、遊具が使えないようにロープで縛られていたり、近隣の人の冷たい視線にさせてあげたいと思っても叶いませんでした。新緑のまぶしい季節に、自然とじかにふれる体験をわが子にさせてあげたいと思っても叶いませんでした。

距離をとることの要請

母親にとっては、家のなかにずっと子どもがいるかたわらで在宅ワークに追われるのも、子どもをおいて仕事に出かけるのも、罪悪感や不安との闘いなしにはすまない事態です。専業で子育てしている母親であっても、生活用品を買いに外出することは避けられませんから、幼いわが子に気づかず感染させたらどうしよう、手洗いや玩具の消毒はちゃんとできているだろうか、自分が発症して隔離されたらこの子の世話は誰がみるのだろう……と、不安は際限なくふくらみます。

いつもなら、子どもが泣いてぐずっても、ほおずりしてギューッと抱きしめればなんとかなることも多かったはずです。赤ちゃんならおっぱい。皮膚を密着させて「距離」をゼロにすることは、使いすぎると依存の助長という副作用はあるにせよ、不安に対して劇的効果をもつ特効薬（よい意味での劇薬）でした。コロナ禍のもとでは、「距離」を近づけることは人の生命を危機にさらすことだとくりかえし報道され、不安をかきたてられています。イタリアやスペインなどラテン系民族の国々で、あんなに感染症が爆発的拡大を見せたのも、濃密なスキンシップのせい（これも科学的根拠のない言説のひとつかもしれませんが）だと言われます。乳幼児を育てている母親は、わが子とさえ、あえて「距離」をとらなければならないことの罪悪感や葛藤とも闘わなければなりません。

では、どこまで距離をとれば大丈夫なのかというと、WHO（世界保健機関）が提唱した感染防止に必要な距離は約一メートル（三フィート）でした。わが国では二メートルを保つように言われています。

二メートルとは、心理的にはどれほどの距離でしょうか。試しに、親しい相手と二メートル以上離れて向きあって座ってみてください。そこに、いつもの親密さと安心は感じられないだろうと思います。私はカウンセラーとして人と個室で対面して話を伺うことが本業ですが、適度な距離はカウンセリングの重要な要素です。二メートルでは、「ともにいる」という感覚は薄れ、少なくとも私にとって安心よりも不安が勝ります。

また、大型連休や年末年始は「オンライン帰省」が推奨されました。たしかに、遠隔(distance)で技術的には簡単にビデオ通話ができる時代ですから、スマホやタブレットがあれば祖父母の顔を見ながら会話することは可能です。しかし、それはあくまでも代替手段にすぎず、日々成長していく「今」のわが子を抱きしめてもらえない喪失感は、母親にとって周囲が想像するよりもずっと深いかもしれません。

家庭内の距離の喪失

感染症拡大防止対策でクローズアップされた「距離」の問題から子育てと家族を考えてみると、ほかにもさまざまな連鎖が見えてきます。

政府の最初の緊急事態宣言から一〇日後、四月一七日に日本弁護士連合会は「新型コロナウイルス感染拡大に伴う家庭内被害―DV・虐待―の増加・悪化防止に関する会長声明」(https://www.nichibenren.or.jp/document/statement/year/2020/200417.html)を出しました。感染が拡大している各国で、夫から妻への暴力、親から子への虐待が増えており、わが国でもその深刻化を防ぐため、電話やオンラインでの相談対応を開始することが公告されています。実際、二〇二〇年のDV相談件数と児童虐待通告児童数は過去最多となりました(警察庁「令和2年の犯罪情勢(暫定値)」、二〇二一年二月四日発表)。

私は、一九九五年の阪神・淡路大震災後にも同様の現象が起きたことを思いだします。平常時には男女平等の意識や少数派への寛容さを維持していた社会が、ひとたび非常事態に陥ると、弱い立場の者を攻撃し、排除する社会に逆戻りしてしまうのです。当時、すでに男女共同参画の時代が到来していたにもかかわらず、避難所から職場へ通うことを期待されたのはもっぱら男性でした。震災直前までキャリアをもって働いていた女性たちの多くは、当然のようにそれを断念して避難所で家族の世話をすることを暗黙のうちに要請されたのです。やがて仮設住宅や復興住宅に家族単位で引っ越したあとには、ＤＶや虐待が深刻な問題のひとつになりました。

今回も、感染症対策の影響で、本意ではなく自宅待機を余儀なくされた夫が、その不満と怒りを妻に向ける事態が生じていることは容易に想像できます。また、母親は、夫からもわが子からも逃げ場のない状況で、持って行き場のない感情を子どもへの虐待という形で暴発させてしまう可能性があることも十分考えられるでしょう。これらは、社会的な距離をとるために生じた、家庭内での距離の縮まり（近すぎること）に由来する困難だと言えます。

母と子のほどよい距離

これまで書いてきたように、とりわけ母親と子どもの間には、ほどよい「距離」が必要です。成長の過程で振れ幅の大きな時期もありますが、月単位、年単位の大きなスパンで見れば、いつもわが子のそばにいてこまやかにその欲求を汲みとり、十分に応えてあげようと万全を尽くす努力をするよりも、適度な距離があって、ときにはわが子の欲求を汲みとり損ない、幻滅させることのある母親でいたほうが、健全な母子関係が育めるのです。

第9章でも紹介したドナルド・ウィニコットは、子どもの健やかな成長にとって必要なのは、「ほどよい母親（good-enough mother）」であると言っています。完璧な母親（もしそういう人がいるとすればですが）は、かえって子どもの成長を阻害する。一番よいのは、最初はわが子と一体になり子育てに没入するけれども、子どもの発達に応じて、少しずつ子どもの欲求をとらえ損ね、応え損ねるようになっていく、ほどよい母親だというのです。母親もひとりの主体性をもった個人ですから、別の主体性をもったわが子と衝突したり、思いが食い違ったりするのは当たり前です。

いずれ子どもは自立し、母親のもとから巣立っていく時期が訪れます。社会では、誰も、母親のように自分の欲求を汲みとり、応えてくれることはありません。それならば、応えてくれない母親に幻滅し、少しずつ失望していくことをくりかえしながら、子どもは欲求を我慢したり、言葉で伝える努力をしたり、もっと広い世界に自らの欲求を満たせるよう働きかけていったりすることのほうが大切ではないでしょうか。そして、そのプロセスを可能にするのが母と子のほどよい「距離」なのです。

私自身の子育てをふりかえって、はたして自分自身はどんなふうにわが子との距離をやりくりしてきたのだろうと考えると、あまり立派なことは言えそうにありません。娘二人ともほぼ産休明けから預けてフルタイムで仕事をしてきたので、物理的に間違いなく離れていましたし、その反動で心理的に近づきすぎるということもなく、どちらかといえば比較的一定した距離を保っていたような気がします。

ひとつだけ鮮明に思いだせるのは、次女が小学校低学年頃のエピソードです。ある夜、例によって、「ママ、あのね」ではじまる娘の報告話を半分の耳で聴きながらなにかの作業をしていると、ふいに背後に消え、戻ってきて、「五円払うから、私の話を聴いて！」と訴えたのです。

私はその瞬間、自分のこころがわが子から離れすぎていた、距離をおきすぎていたことを、ショックとともに悟りました。多くの場合、「あのね」語りは、母親がそこに自分とともにいてくれることに意味があって、正面から問いのひとつひとつに応えてくれることが要求されているわけではありません。ただ、その日はなにか違ったはずの語りのトーンを、私が気づき損なっていたのです。私は申し訳ない気持ちに襲われました。と同時に、「五円」という選択が微笑ましく、娘への愛おしさがわきあがってくるのを感じました。カウンセラーを両親にもつ娘たちは、きょうだいで電話相談ごっこに興じるほど耳学問で知識をもっていて、子どもごころに、大事な話を聴いてもらうにはお金を払えばよいとひらめいたのでしょう。

そういった日常の幻滅を多々積み重ねながら成長したであろう今の元気な娘たちを見ていると、とりあえずgood-enough（ほどよい＝そこそこ許容範囲）な距離をお互いにとりあってきたのではないかと思えます。自己弁護が多分に入っているかもしれませんが……。

距離を見失わないこと

コロナ禍の非常事態下にあって、社会的距離をとることの徹底と同時に多くの家のなかで起きているのは、家族間の距離の喪失です。「距離」はとりようによっては、世界中の人々の生命を脅かすウイルスを制圧する劇薬にもなるし、親と子の関係に決定的な影響を与える劇薬にもなります。ひとりひとりのおかあさんたちにぜひ伝えたいのは、そのようなコロナ禍での状況に対して少しでも自覚的になり、「自分さえ努力すれば」と距離を見失ったまま頑張り続けないでほしいということです。

目の前のわが子にカッとなって手を上げるくらいなら、自分がひとりで公園のベンチに座って木々を眺めてみることです。思い切って、いつもの保育所に子どもを送りだしてもよいでしょう。これは不要不急ではなく、必要至急の「距離」のとり方です。くりかえしになりますが、緊急事態下にある社会は、弱い立場の者やマイノリティに非難の目を向けやすいのです。子どもを連れた母親も、弱者でありマイノリティです。冷ややかな目を向けてくる人に対しては、あなたに問題があるのではなく、その人自身が自分の不安と闘っているのだと思ってみてください。

そして、緊急事態をなんとか乗りきり、コロナ禍が収束に向かったとしても、その先には震災後と同様、長い復興の時間が必要になることでしょう。復興とは、もとどおりになることではなく、新たな価値や世界を創造していくことです。この経験から私たちは子どもになにを伝えられるか、時間をかけてしっかりと考え続けていきたいと思います。

こころを解き放つ

第11章

内なる子ども・内なる母

こころの声に耳をすます

「子ども時代の、一番昔の記憶はどんなものですか？」

カウンセリングで、私はときどきクライエント（相談者）にこんな質問をします。なかなか思いだせない人もいますが、多くの場合、幼稚園から小学校入学あたりの年齢のエピソードやシーンが想起されます。交通事故にあったとか、遊具から落ちて大けがをしたとか、成長過程で何度も家族から聞かされたであろう特別なできごとの場合もありますが、もっと日常の場面がふっとよみがえり、語られることもあります。ほめられている、叱られている、泣いている、笑っている、大勢に囲まれている、ひとりでいる……など、その人のこころのなかにどんな子どもが棲んでいるのかをつかむ手がかりになります。クライエントがまだ気づいていない欲求（解決を求めているテーマ）が見えてくるときもあります。

子ども時代を生きなおす

カウンセリングや心理療法においては通常、子ども時代の発達状況やその後の生育歴といった客観的情報を聴きとりますが、それ以上に重要なのは、その人が自分の過去をどのように体験してきたかという主観的な世界の情報です。たとえば、わが子を虐待してしまう人はしばしば自らの子ども時代に親から虐待された経験をもつことが指摘されますが、親から理不尽な育てられ方をした人がみなわが子を理不尽に扱うわけではありません。私たちのふるまいを無意識に左右しているのは、客観的な事実よりも内的な事実（イメージや幻想）のほうなのです。

「子育ての営みはまた、人間にとって、自分自身の子ども時代を内的に生きなおす過程」でもあると、第9章で書きました。それは、「親との関係を内的に生きなおす」と言いかえても同じです。つらい子ども時代を送り、とりわけ親から受けた傷つきを修復できないまま成長した女性は、母親になったとき、現実のわが子だけでなく、自らのこころの奥底に棲む内なる子どもと向きあうことを迫られます。たとえ、過酷な状況を生きのび、努力し、社会的な成功や幸福な結婚生活を手に入れた人であっても、子育てのなかで、封じこめていた過去の否定的な感情や破壊的な衝動があふれだし、コントロールできない状態になりうるということです。

無邪気に眠るわが子の安心した寝顔を見ているだけで、「許せない」という怒りの感情がわきおこるおかあさんがいるということを、想像できるでしょうか。また、そのような感情を抱く自分を責め、「私みたいな人間が母親でごめんなさい」と、わが子への申し訳なさでいっぱいになったり、感情があまりにも強烈でおそろしいため自分から切り離してなにも感じなくなってしまったりする（心理学の用語では「解離」と呼びます）おかあさんがいることも。

さっぱりわけがわからない、と感じる人は、たまたま幸運な子ども時代をすごし、その後も健やかな人生を送り、満たされた内なる子どもの像をこころのなかに保持できているのだと思います。

一方、不運にして、誰からも安心を与えてもらえないまま大人になった場合、わが子の無邪気な寝顔を見たとき、ある人は、いつも親からの暴力に怯え、呼んでも来てくれない周囲の大人に怒りを感じ続けていた内なる子どもがこころのなかでふいに目覚め、「なぜ私には与えられなかったものをこの子はぬくぬくと享受しているのか！」と憤怒の反応を起こします。また別の人は、この幸福がいつ破られるかと不安に圧倒されます。ただでさえ、わが子が赤ちゃんのときは、母子の境界が曖昧なこころの状態になっているので、現実のわが子と自らの「内なる子ども」は渾然として感じられやすいかもしれません。

もう少しわが子が大きくなると、その子の幸運や幸福に強い嫉妬を感じ、無意識に意地悪をしたり、打ち負かそうと躍起になったりすることも生じます。親がわが子に攻撃的な衝動を抱くのは、子どもが言うことをきかないからというだけではなく、もっと複雑なこころの背景があるということです。ここから一線を越えて、深刻な虐待行為に至ってしまうかどうかは、その人を取りまく複合的な状況の偶然の重なり次第です。それは、特殊な人にしか起こらないと決まっているような、遠い世界のできごとではありません。私たちにできるのは、まず、そのような子育ての苦しみ（自分の子ども時代を生きなおす苦しみ）が「ある」という現実を認めることです。そしてもし、あなたの身近に苦しんでいるおかあさんがいたならば、その人が、甘えたかった、泣きたかった、慰められたかった自らの「内なる子ども」の声を聴き、対処できるようになるために、かたわらに寄りそうことではないでしょうか。

内なる子どもとの対話

「内なる子ども」あるいはインナーチャイルドという言葉は、一九八〇年代に主にアメリカで注目されたアダルトチルドレン（AC：Adult Children of Alcoholics，または Adult Children of Dysfunctional Families）の治療と回復という文脈で知られるようになりました。アルコール依存症をはじめ、親がさまざまな要因によって適切な養育ができない家族に生まれ育った子どもは、成長して大人になってからも常に不安を抱え、自分を肯定できず、こころの病に陥ったり、社会生活や子育てにおいて問題を抱えたりしがちです。そこから回復していくためには、同じような経験をした人同士で支えあうことや、専門家の助けを借りることをとおして、内なる子どもの欲求を満たし、傷つきを癒し、過去の呪縛から解放されて内なる子どもの新たな像を再生することが役に立つと考えられているのです。そのためには、呪縛にとらわれた内なる子どもを葬るという喪の作業が必要です。関心のある方は、C・L・ウィットフィールド著『内なる子どもを癒す――アダルトチルドレンの発見と回復』（斎藤学監訳／鈴木美保子訳、誠信書房、一九九七年）や、ティク・ナット・ハン著『和解――インナーチャイルドを癒す』（磯崎ひとみ訳、サンガ、二〇一六年）などを参照してみてください。

近年では、マインドフルネスと呼ばれる、禅の瞑想や呼吸法を応用した治療法も紹介されています。たとえば、幼児期の自分（五歳の私）のイメージを思いうかべ、毎日五分間対話してみるといったワークを続ける方法です。そこで親への怒りや恨みの感情がよみがえったら、次は母親や父親の五歳の頃のイメージを思いうかべ、親たちもまたそのようにしか生きられなかった傷ついた子どもであったことを受け入れ、こころのなかで和解することを目指します。

ただ、暗黙の了解を得意とし、あまり他者や自分との「対話」に慣れていない日本人には、この方法はなじみにくいかもしれません。これらの治療と回復の多くが、スピリチュアル（霊的）な次元での個人のこころの安定をゴールにおいていることも、理解を難しくしていると思います。私自身、直接この方法をクライエントに提案したことはありません。しかし、子育てでつらいこころの状況を抱えるおかあさんに対して、現実的な助言や支援を提供するだけでは足りないこと、外的な支援が活きるためには内的な問題の解決が必要だということを明快に主張してくれているという点で、参考になると思っています。

さきほどあげた『内なる子どもを癒す』の監訳者、斎藤学さんは、わが国の「アダルトチルドレン」の精神科医療における第一人者ですが、わが子を虐待してしまうおかあさんへの支援にも早くから携わり、その経験から『インナーマザー――あなたを責めつづけるこころの中の「お母さん」』（大和書房、二〇一二年）と題する啓発書も出されています。さまざまな事例のエッセンスを交え、「内なる母」の呪縛から抜けだすことが日本人にとってはいかに困難な問題かが示されていて、説得力があります。

内なる子ども・内なる母。どちらかについて考えることは、対のもう一方を考えることを必ず含みますから、どちらからはじめても同じです。過去の現実は変えられませんが、内なる子どもの声を聴き、育てなおし、内なる母との関係をやりなおすことは、長い人生のなかでいつでも可能です。子育てでつまずいたときは、このようなこころの作業に取りくむチャンスでもあります。苦しんでいるおかあさんの近くに、そんな見方をしてくれる大人がひとりでも多くいてほしいと私は願います。

一番昔の記憶

最初の「一番昔の記憶（First Memory）」の話に戻りましょう。

私自身が想起するそれは、夏の晴れた日、実家（高度経済成長時代に造成地に新築された、小さな一軒家）の玄関先にひとりでしゃがんでいるシーンです。道路から一段降りた窪みと背後の木製の扉の間にすっぽりはまるような格好で、青い空をただじっと見あげているのです。セミは鳴かず、車もめったに通らず、記憶のなかでは無音の世界です。そこへ近所のおばさんが通りかかり、なにか話しかけられます。「どうしたの、大丈夫?」「おかあさんは?」といった言葉だったような気がします。一度ではなく、何度もあった日常のできごとのように思いますが、事実がどうだったかはわかりません。長女が生まれてしばらくしてから、この光景を思いだすことが増えました。確かなのは、そこにたたずむ幼児の像こそ、私の「内なる子ども」だろうということです。

くりかえしになりますが、私は当時の典型的な核家族の一人っ子でした。母親は専業主婦でしたが、あまり家事育児は好きではなく、娘のまま生きているような人でした。ものごころついたときには、すでに私は別室にひとりで寝かされていました。少し大きくなると、自分で縫ったワンピースを着せ、長い髪を編み、化粧まで施した私をデパートに連れていっては、買い物をする間、食堂でひとり待たせておくのが常でした。近くに出かけるときは私を家においていくので、ときどきそうやって玄関先でぼーっと空想に耽っていたのでしょう。近所の人は、玄関で母の帰りをじっと待つ私を心配し、かわいそうに思っていたのだとあとになってわかります。

私の母親は教育熱心でもありました。たくさんのお稽古事に私を通わせ、練習をなまけると裁縫用の長い竹の物差しで背中を叩かれました。今なら虐待と見なされるかもしれませんが、当時はよくある風景だったと思います。少なくとも私は、自分をおいて出かけた母親が帰ってこないかもしれない（見捨てられるかもしれない）と感じた記憶はまったくなく、不器用なやり方にせよ、母はわが子のために一所懸命だったという「内なる母」像をもっています。そのことは私が生きていくうえでの見えない財産であり、ありがたく受けとめています。

一方、「内なる子ども」のほうはどうでしょうか。私は今も、当時ひとりでたたずんでいた幼児の自分が、どんな感情を抱いていたのかをうまく思いだすことができません。どんな表情をしていたかも記憶のなかにないのです。かろうじてたぐり寄せられるのは、青い空に包まれているという感覚です。私の生家は海にも山にも近く、住宅地でしたが、当時はのどかな自然が子どもにも歩いていけるすぐそばにありました。学童時代、私は山に続く知らない小道をひとりで探検するのが好きでした。思春期になると、海を見にいくことが増えました。母親に甘えられない孤独感を、母なる自然に包まれる経験によって癒やしていたのだと思います。

あらためて考えてみると、長女の出産後、病院から自宅に戻って思いがけず味わった、音のない世界にたったひとりで取り残されているというあの恐怖と哀しみの感情は、ひょっとしたら私の内なる子どもの反応だったのではないでしょうか。私は自分の子育てをとおして、内なる子ども「もっとそばにいて！」「私を抱っこして！」という声を聴いておののき、現実の他者に助けを求めることができるようになったのかもしれません。

こころの深層に宿る普遍性

内なる子ども・内なる母を手がかりに考えてみた本章ですが、最後にもうひとつみなさんに伝えたいことがあります。それはアダルトチルドレンという文脈で用いられる、個人の生育史のなかでつくりあげられた像（イメージや幻想）という次元を超えて、私たちはこころの深層を掘り進んでいくと、もっと普遍的な、さまざまな像を豊かにもっているという内的な事実です。

「母なる自然」と先に書きましたが、母なるもの、父なるもの、子どもなるもの、自己なるもの、英雄や救済者（神仏）なるものといった普遍的な像は、ふだん意識しないだけで、誰のこころのなかにも棲んでいるのではないでしょうか。二〇世紀、スイスの心理療法家であり思想家でもあったカール・ユングは、時代や文化を超えて個人のこころの深層に受けつがれているこういった見えない鋳型を「元型」と名づけ、こころを理解するときの新たな見方を私たちに教えてくれました。

この文脈で「内なる子ども」と言うとき、それは老人のこころのなかにも棲んでいる、自由で創造的な可能性を意味しますし、「内なる母」と言うとき、それは幼子のなかにも棲んでいる、包みこみ、育て慈しむ母性を意味しています。個人の次元では癒やしきれないこころの傷つきを負った人であっても、さらに深くこころの声に耳をすまし、普遍的ななにか（自然、芸術、霊性、元型など）にふれることによって回復への道が拓かれうるとすれば、希望がついえることは決してないでしょう。

私自身は、そこまでの厳しい道のりにカウンセラーとして同伴した経験はまだありませんが、子育ての過程ではっと目を開かれたできことを今でも思いだします。

次女が生まれて一年ぐらいして、家族で泊まった旅館の大浴場でのことです。五歳になった長女が、私をしげしげと眺め、「ママのおっぱい、小さくなったね」と言ったのです。おっぱい問題では苦闘し、とくに長女のときは母子で泣いていた私は、うっ、と身構えました。

「赤ちゃんが大きくなって、もうおっぱいがいらなくなったからしぼんだのよ」
「ふぅん、じゃあ実になったんだ」
「みぃちゃんにも小さい実があるでしょ」
「ちがう。私のはつぼみ。みぃちゃんの赤ちゃんが生まれたらポン、って開くんだよ」

彼女はにっこり両手のひらで、自分の胸が花咲くしぐさをしてみせたのです。

私はその迷いのない表現にとても驚きました。たしかに、赤ちゃんが生まれると、おかあさんの乳腺が開き、ポン、と弾けるようにして乳汁がほとばしります。しかし、娘は自分が母乳を飲んでいた記憶はもちろんありませんし、母子保健の勉強をしたわけでもありません。実際、足りなかったり、待たされたり、飲みづらい乳首を装着したほ乳瓶だったり、長女にとっておっぱいの時間は平和とはほど遠かったはずです。それでも、彼女のしぐさと笑みから、私は幼い娘のこころのなかには確固たる「母なるもの」の像がすでにあり、花開く出番を待っているのだと気づいたのです。

「そうか、実か……。用済みではなく結実したんだ」と、彼女の寝顔を見ながら、私は温かい気持ちになりました。幼子のこころのなかにある普遍的な次元の母性を実感したできごとでした。

こころの可能性を信頼する

私たちはみな多かれ少なかれ、生いたつ過程でさまざまな傷つきを負い、不運が重なれば内なる子どもと母の呪縛にとらわれ、現実のわが子との間でその不幸をくりかえしてしまいます。しかし、勇気を出して封じこめていたこころの声に耳をすまし、応える努力をし続けることによって、いつかその呪縛から解放され、本来の（すなわち、生まれもった）自由で豊かな内なる子どもがいのちを取り戻すのです。

もし、あなたが自分の母親からなにもよいものをもらえなかったと感じ、わが子を慈しむこころなどもてないと打ちひしがれていたとしても、決して希望を失わないでください。こころのエネルギーは、深い水脈のように誰のなかにも流れていて、それを掘り当てさえすれば、必要なだけ汲みあげることができるのです。甘えたい、抱きしめられたい、思いっきり泣きたい、そんな内なる子どもの声を圧し殺さず聴き続けるうちに、あなた自身の奥底にある、小さないのちを慈しむ普遍的な母なるこころがやがてよみがえるでしょう。

深刻であればあるほど、私たちに試されるのは、こころのもつそのような可能性を信頼する力です。たとえば、「親の不適切な養育のせいで自分はつぶされた」という呪縛にとらわれ、現実の親に対して憎しみや殺意を抱き、償いを求める気持ちを語るおかあさんがいたとき、私たちは自らの不安からその語りを聴くことを拒み、その人をたしなめ、黙らせようとするかもしれません。しかし、それではその人が自らの内なる子どもの声を聴き続ける勇気をもつことはできないでしょう。私がこれまで出会ってきたクライエントのなかには、相談開始から二〇年以上たって、ようやく「もうこの憎しみを手放したい」と語れるようになった人もいます。こころの回復にとって、二〇年は決して長すぎる時間ではありません。

カウンセリングや心理療法とは異なる日常の関わりでは、そこまで徹底して寄りそうことは難しいのも事実です。それでも、このようなこころの可能性について知っているだけで、ずいぶん違います。つらい状況にあるおかあさんと身近に出会うことがあれば、ぜひ思いだしてください。

第12章

罪悪感という友だちと別れるコツ

負の因果関係にとらわれない

歴史の体現者としての子ども

子育ては、ただ目の前にいるわが子を現実に世話し、教育することだけではなく、内なる子どもと再会し、その子とともに生きていくこころの作業でもあるということを、私たちはもっと大切に考えてみたほうがよいのではないかと思います。内なる子どもは、たんに子ども時代の自分についての記憶ではなく、ひとりひとりがそれまでの人生のなかでつくりあげてきた主観的世界の像です。そこには何世代にもわたって連綿と引きつがれてきた親と子の関係や時代社会の文化が反映されており、目の前のわが子を理解するときの参照枠（基準）にもなるからです。

また、こうも言えます。たとえ生まれたての赤ちゃんであっても、初期化された新品のＡＩロボットとは異なります。ひとりの赤ちゃんには、父母の、さらにその父母や祖父母の、そして先祖の生きてきた痕跡が刻まれています。ＤＮＡの継承と呼ぼうと、こころの世代間伝達と呼ぼうと、私の伝えたいことは同じです。ひとりの赤ちゃんには、突きつめると何億年のいのちの歴史が体現されており、その無限の組みあわせの帰結としての、生まれもった方向性（個性、あるいは唯一性）があらかじめ備わっているという事実です。

このような視点から子育てを見てみたとき、たとえわが子でも「育て方次第でコントロールできる」はずがないのは当然のこととして映ります。しかしながら、現代を生きる私たちは、なぜか「私が」頑張れば子どもは成功するはず、うまくいかなければ「私が」頑張らなかったせい、と思いこんで罪悪感を抱え、子育てを息苦しいものにしていることが多い気がします。わが子を自分がつくりあげる作品のように見るのではなく、相手は壮大な歴史の体現者なのだと見れば、「私の」思いどおりにならないことがあっても不安や腹立ちが和らぎ、敬意をもって臨むことができるのではないでしょうか。

おかあさん特有の罪悪感

とはいえ、現実の子育てではいつもそんなふうに大所から構えているわけにはいきません。ある程度子どもが無事に成長してからでも、罪悪感をかきたてられる瞬間は断続的にやってきます。

こんな場面がありました。

次女が小学校中学年頃のことです。夜一緒にリビングですごしていると、「私ね、大きくなっておかあさんになったら家で手づくりのおやつをつくって待ってて、『おかえり』って子どもに言うの。カバンも縫って、かわいい刺繍をしてあげるの」と話しかけてくるのです。一度ではなく、日をおいて何度も。働く背中を見せてきた私にとっては、ドキッとさせられる瞬間です。

私が家にいないせいで、寂しい思いをさせているからこんなことを言うのだろうか。

お菓子づくりも裁縫も、「おかえり」を言うこともできない自分がダメな母親であると責められているような気がして、その場では「ふぅん」と応えることしかできませんでした。次女の心中がどうだったのかはわかりません。ただ、あとになって思うのは、次女はそのときの「理想のおかあさん像」を語っていただけで、別に私を非難していたわけではないかもしれないということです。実際、数年後の彼女は自分がそんな夢を語っていたことなどすっかり忘れて、「働くおかあさんがいい」と言いはじめましたから。

また、思春期の頃、例にもれず反抗期を迎えて親を批判的に見るようになり、「ママのせいで！」と、自分の不満や葛藤の原因を親（の育て方）に投げてきた時期もありました。こちらにこころの余裕があるときは、「ママのせい、と言うけど、ママがそうなったのはそのママのせいだし、そのママがそうなったのはそのママのママのせい。その理屈で考えていったら、原因はサルやね。いや、もっとたどっていったらアメーバかも」と笑ってみせていましたが、そんなことでは相手は引きさがりません。どんな親にも欠点や失敗はあるわけで、そこを鋭く突かれると、冷静ではいられなくなります。

言い争いの内容は忘れましたが、あるとき私は次女に図星を指されたと感じて、謝るより先に瞬時に反撃し、「ガチにならんでいいよ」とたしなめられ、呆気にとられたことを覚えています。親としての自分の至らなさへの罪悪感からはかなり解放されたつもりでいた私ですが、それでも、わが子の苦しみが「私のせい」だったらどうしようという呪縛は、根深くこころの奥に生き続けているのだなと感じさせられたできごとでした。

この、現代の母親特有の罪悪感は、無意識に抑えこまれている場合が多いだけに、距離をおいて眺め、対処することが困難です。

ときどき、わが子がなにか不適応や問題を起こしてカウンセリングの場を訪れるおかあさんで、「私の育て方が悪かったのでしょうか」とおそるおそる切りだす方がおられます。私は主に学生相談室で仕事をしていますが、子どもが大学生で、成人を過ぎていてもそれは同じです。ひとつには、実際に夫や親族からそう言われているという場合。もうひとつには、誰かから言われたわけではないけれど、世間からそう見られているにちがいない、カウンセラーもそうだろうか、とうかがっている場合です。また、そのような問いかけをしつつ、「そんなことはありませんよ」という専門家のお墨つきをもらって「やっぱり私のせいじゃない」と安心したい人もいれば、自分でもそう思いこんで罪悪感から自責の念に圧倒されており、こちらが安心してもらおうとなにを言ってもすぐには受け入れられない人もいます。

人間の脳は、原因―結果の直線的思考（AだからBになるという因果関係で考えること）が得意にできているという話を聞いたことがあります。自然科学の発展には寄与したかもしれないこの思考のスタイルは、子育てにおいてはあまり役に立たないばかりか、有害でさえあるということをあらためて強調しておきたいと思います。さすがに、自分を責めるおかあさんに対して、「そうです、あなたの育て方のせいです」と応答する専門家は今どきいないと思いますが、「少し過保護だったかも……」といった間接的な表現で、暗に、「あなたが過保護だからこうなった」と言うのと同質のメッセージが発せられることは案外多いのではないでしょうか。

子育ての負の因果セット

社会には、まだまだ定番の「子育ての負の因果セット」がたくさん流通しています。「一人っ子だから、社会性が乏しい（甘やかされている、わがまま、かわいそう）」「ひとり親家庭だから、十分な育児ができない」「共働きだから、子どもは寂しい思いをしている」など、あげていくときりがないくらいです。「親が甘やかすから、○○な子になる」というのもよく聞くフレーズですが、「甘えさせる（子の欲求を汲みとって満たす）」ことと「甘やかす（親が自分の欲求を満たすために子になにかを与える）」ことの区別もわからずに使われるのを聞くと、心理学者のはしくれとして穏やかではない気分になります。

ちなみに、私も一人っ子として育ち、子ども時代は何度も「寂しくない？」「きょうだい欲しいでしょ」と周りの大人から言われたことを覚えています。しかし、正直、私はなにを聞かれているのかがよくわかりませんでした。幼い子どもにとっては、今ある世界がすべてです。比較のしようがないのですから、一人っ子だから寂しいとは感じたことがありません。もちろん、きょうだいのいる友だちの家へ遊びにいくこともよくありましたが、仲のよい日もあれば激しいケンカをしている日もあり、それがうらやましいとも思いませんでした。

たしかに、社会性は乏しかったでしょう。夏休みに田舎の大家族の家に帰省すると、おっとりマイペースの私はいとこたちが群がるご馳走の大皿にたどりつけず、なにも食べられないまま茫然と座っていたそうです。その様子に危機感を抱いた父が「きょうだい役」を演じて、なにかにつけて競争しようとした時期があったのですが、残念ながら、私にはそれが意地悪にしか思えませんでした。

少なくとも、私は自分が一人っ子で「かわいそう」と感じたことはありません。家庭生活できょうだいと関わる代わりに、時間と空間をゆったり自分のために使い、心ゆくまで本を読んだり空想に耽ったりできたことは、今の私を支えていると思います。また、学童期以降、集団生活のなかで社会性の不足を指摘されたことも、私の思いだせるかぎりありません。誰かをまとめたり引っ張っていったりできなくても、嫉妬や競争心に駆りたてられることが少ない私は、たいていどんな社会的場面でも、自分の居場所を見つけることができたのです。ただ、これらも、「一人っ子だから」の利点だとは言えません。生まれもった私の性質、家庭の状況、親の価値観、外で出会ったさまざまな人との交流、時代の流れなど、すべてが組みあわさった結果として今の私があるわけです。ほかの「因果セット」についても同様に、その単純な結びつきを解体することが必要です。

しかしながら、負の因果関係にとらわれないで子育てに臨むことは、至難の業です。今もって多くの人は、無意識的にせよ、子どもの問題は親のせい、という思考から抜けだすことができていません。

メディアは、誰かが素晴らしい功績をとげたときに「立派なおかあさん」の物語を流そうとするのと同様、誰かが社会不安を引きおこすような事件を起こしたときには「問題のあるおかあさん」の像を流そうとしがちです。四〇代、五〇代の子どもが逮捕されても、老年期の親が引っ張りだされたりします。「おかしい」と感じている人もいると思いますが、異議申したての声が取り上げられることはほとんどありません。「親のせい（想定されているのはほぼ母親です）」という因果のセットを維持することは、多くの人に「私とは関係ない」という安心をもたらし、社会にとって都合がよいからでしょう。

もちろん、子育てを因果関係で考えることのすべてが悪いわけではありません。自分の不適切なふるまいを反省し、新たな因果セット（もっと前向きで合理的な）の仮説を立てて試行錯誤してみることは、子どもにとってもプラスにはたらく可能性をもつと思います。しかし、それはあくまでも短期的で具体的なかぎられた範囲でのことです。もっと長く広く子育てについて見渡したとき、自分を責め、罪悪感にとらわれるだけで、解決に至る方策がないような因果セットの思考は、誰にとってもマイナスでしかありません。

この負の因果セットの思考は、子育てにおいては、過去の自分の行いに対してだけでなく、未来をも拘束する力をもっています。たとえば、青少年の突発的な凶悪事件が起きると、「どんな家族で育ったのか」「親はどんな育て方をしたのか」がメディアで追及されるのが常ですが、一部分だけを見れば、誰の家庭にも当てはまるようなことだらけです。報道を見て、「私もこの母親と同じことをしていた」「私の子育てのせいで、息子が、娘が、犯罪者になったらどうしよう」という不安にさいなまれるおかあさんは、決して珍しくないと思います。

とりわけ、自らが心身の病を抱えているような場合、わが子の将来に対しても罪悪感を増幅させがちです。周囲の大人は悪気なく、「おかあさんだから、しっかりしなくちゃ」「早く治してね」と励ますかもしれません。そうすると、ただでさえ今を生きるのに懸命なのに、「私の」せいで子どもの将来に悪影響を残す、と思いつめてしまうのです。

現代のわが国では、女性も男性も等しく、教育の過程で合理的にものごとを考え、科学的に判断する訓練を受けてきたはずです。にもかかわらず、母親になった女性は不合理な罪悪感にとらわれ、また社会も母親に対して不合理な罪悪感を抱くよう仕向けるという謎のからくりについて、もっとしっかり考えてみなくてはなりません。そうすることによって、多くの子育てにまつわる悲劇が起きるのを避けられるはずです。

罪悪感は万能感の裏返し？

この、おかあさんになったとたん、腐れ縁の友だちのようにつきまとってくる罪悪感とうまく別れるには、どうすればよいのでしょうか。

特効薬のような方法は見つかりませんが、見方を変える、あるいは思考のスタイルを変えることが役に立つと私は思っています。

ひとつは、「私が〇〇だったから」「私さえこうできれば」という思考のもたらす罪悪感は、自分がわが子をどうにでもできた（できる）はず、という万能感の裏返しだと考えてみることです。母親になった女性のこころのなかには、そのような万能感が多かれ少なかれあるものです。妊娠、出産、授乳と進んでいく動物的な営みにおいて、脳内物質やホルモンのレベルで、その難局を乗りきるために生まれる変化かもしれません。新生児を無事迎えた母親が万能感に浸されるのは、とても健康な反応にちがいないでしょう。

しかし、子どもの成長とともに、そのような万能感は減退していくのが自然です。もし、残り続けて大きな力をふるっているとすれば、それは社会が母親になった女性に刷りこむ幻想の一部だと言えます。いつまでも罪悪感から自由になれないと感じたら、万能の幻想（たとえば母性神話と呼ばれるような）の虜になっていないか、自分を吟味してみるとよいと思います。

わが国の文化においては、とりわけ「産みの母」に対する万能の幻想は強大です。しかし、そんな幻想を鵜呑みにしてはいけません。たったひとりの生身のおかあさんが、わが子に及ぼしうる力がどれほどのものだと言えるでしょうか。たしかに、子どもが幼少期のうちは、長く身近に関わる大人として一番大きな影響力をもつかもしれません。ただ、人生一〇〇年の今日、子どもは成長の過程で、そして成長してからも、想像できないほど多くの人と出会うのです。還暦を過ぎて、私は自分を育ててくれた大切な人の顔をたくさん思いだすことができます。人だけでなく、幼少期に見た青い空や稲穂の田、思春期に眺めた海と水平線も。わが娘たちがその年代になったときも、同様であってくれたらいいなと思っています。「私が」そのなかで特別な万能の位置を占めていたいとは願いません。

「縁起」でものごとを考える

「因果」で考えるのをときどき意識してやめ、「縁起」でものごとを考えてみるのも有効です。仏教では、世界は因果律と縁起律の両方の組みあわせによって成りたつと考えられています。世界のなかにそれ単独で実在するものはなく、すべて「関係」によって成りたっている、その関係のあり方に、二通りの法則があるという思想です。日常生活のなかでも、「因果応報」とか「縁起がよい・悪い」といった言葉が使われることがありますが、それはここから派生した表現です。また、第11章でもあげたカール・ユングは、この縁起律をシンクロニシティ（共時性）という概念でとらえなおし、こころの治療や回復において重要な意味をもつことを私たちに示してくれました。

とても奥深い概念ですが、私なりに「縁起」という関係性を子育ての文脈で説明すると、こう言えます。縁起とは、偶然の出会いです。また、出会うのは人とはかぎりません。自分の内的世界だったり、異文化だったり、災害や天変地異だったりもします。それぞれの要素は因果で考えることが可能です。天変地異でさえ、「地球温暖化のせい」「それはCO_2を排出し続けたせい」と関係づけられ、コントロールしようと試みられます。しかし、「出会う」という関係を私たちがコントロールすることはできません。今回のコロナ禍をとってみても、○歳で出会うか、学童期に出会うか、中高年で出会うか、感染者になるか、漠然と見えない敵として出会うか、誰も予測はできないのです。

私は決して、「運だから仕方ない」と言いたいわけではありません。直線的な因果の矢と矢が偶然ぶつかるとき、そこには必ず出会いによる変化が生じます。親だからといって、わが子に「よい出会いだけを与える」なんていうことは、不可能です。しかし、その瞬間の親から見れば「よくない縁起」だったとしても、その先にどんな変化が表れるか、わが子自身がその変化をどう意味づけるのかは未知です。親が誘導することはできないし、してはならないことでしょう。

縁起は、罪悪感とも万能感とも親戚ではありません。「〇〇だから」「△△のせいで」と考えている自分に気づいたら、私は今なにと出会っているか、わが子は今なにと出会っているかを考えてみてください。そして、未来もずっとそのような出会いのなかで生きていくことを想像してください。少しわくわく（ほっと？）するのではないでしょうか。

第13章 「別れ」のレッスン

寂しさと誇らしさと

子育ては「別れ」からはじまる。

こう言うと、違和感をもつ方もいらっしゃるかもしれません。でも、女性にとって、養子を迎えたり、継子を育てたりする場合を除いて、子育ては「出産」という、母子が物理的に分離する瞬間からはじまります。

身二つになるからこそ、ひとりの人としてのわが子と出会える。そして古来言い習わされてきたとおり、「会うは別れのはじめ」です。おかあさんは、わが赤ちゃんと出会う瞬間から、別れの痛みに耐えるレッスンを受けはじめるということを考えてみたいと思います。

子どもに寄りそい続ける親たち

少子化の進む今日の子育てにおいて、「親離れ・子離れ」の大切さがよく言われます。私は大学で学生相談（カウンセリング）の仕事を本務にしていて、主に一八歳から二〇代半ばの人々と、そのおかあさん、おとうさんのお話を三〇年以上伺ってきました。そのなかで年々強く感じるのは、わが子を大学まで進学させた親御さんたちは、わが子を心配し、わが子の幸福を願い、なんとかしてやりたいと一所懸命わが子に寄りそい続けているということです。もちろん、そうでない親御さんもいるでしょうけれども、相談室で見られる光景は、ある意味、その時代社会の特徴を表していると考えられます。

コロナ禍で親子ともに在宅時間が増えた二〇二〇年は、「わが子が（慣れない遠隔授業と課題のため）つらそうで見ていられない」と、おとうさんが涙ながらに電話をしてこられるということもありました。子どもが小さい頃、宿題に取りくむ様子をかたわらで見守っていたように、パソコンに向かうわが子を日々励ましていたおかあさんもいます。自粛要請が段階的に解かれてからは、元気を失ったわが子を車に乗せて、相談室まで連れてくるご両親もいました。

このような場合、もう大学生なのだから放っておきなさい、自立させることが大事です、とただ助言をしても役に立たないのは明らかです。分離と自立の練習が十分できていないまま、つないでいた手をいきなり離しても、たいていうまくはいきません。わが国では、世界水準に合わせるため、二〇二二年に「成人」年齢が一八歳に引きさげられることが決まっていますが、法制度の目指すところと実際の若者のこころの成長スピードがかみあっていないことは、多くの人が感じているとおりでしょう。

私たちの子育てにもっと必要なのは、「離れる」というよりも、「別れる」という意識なのではないかと思います。「もっと子離れしないと……」と自省を込めて言うとき、そこにはこれまでより距離をおいて、でもつながり続けている関係が想定されているのではないでしょうか。そのような意識のもとで、親と子が自立し、別々の人生を歩むことはなかなか困難です。総体的に豊かさを増し、ひとりの子どもに十分な時間とお金と労力をかけられるようになった現代のわが国では、子どもは居心地のよい親子関係から自ら離れようとしないのがむしろ普通です。親の側にこそ、もう一歩ふみこんだ「覚悟」が求められているのです。

子離れよりも子別れ

心理的な次元での自立とは、無意識的につながっていた関係を切り、「個」（ひとりの独立した人間）となる過程を意味します。「切る」ことには必ず痛みを伴いますが、その試練を乗りこえることで、親と子はお互いに一歩自立した存在へと進み、新たに関係を結びなおすことができるようになるのではないでしょうか。それは、痛みを味わう前とは質の異なる関係です。そして、この「痛み」を引き受ける覚悟を表すには、子離れよりも、「子別れ」という言葉がふさわしいのではないかと思うのです。もともとは、古典落語や歌舞伎などで親子の生き別れを指していた言葉ですが、近年では心理学的に用いる研究者も現れています。児童文化学者の本田和子《ますこ》著『子別れのフォークロア』（勁草書房、一九八八年）、発達行動学者の根ヶ山光一著『〈子別れ〉としての子育て』（NHKブックス、二〇〇六年）は、ぜひ読んでいただきたい本です。

私が「子別れ」で一番に思いうかべるのは、人間の物語よりもキタキツネの親子の訣別のシーンです。テレビのドキュメンタリーで見たのか、映画だったかは忘れましたが、春に生まれた数匹の子ギツネを、八月の終わり頃になると、ある日突然母ギツネが本気で攻撃し、巣穴から追いだす「子別れの儀式」です。縄張りをもって生きる北国の野生動物が親子で冬を迎えてしまうと、飢餓や近親交配の危機にさらされるため、おそらくは、本能的行動としてセットされているのでしょう。まだ甘えたくて鳴く子ギツネを徹底的に追いはらう母ギツネのふるまいを見て、多産多死だった昭和前半までの時代を生きた母親たちは、食いぶちを減らすためにわが子を奉公に出したり、集団就職で都会へ見送ったりしなければならなかった自分自身の哀しみを母ギツネに重ねて、この儀式を語りついだのだろうと想像されます。

親がわが子の背中を見送るシーンがひとりひとり異なる現代では、集団就職列車を見送ったときのように「子別れ」の哀しみを社会的に共有するのは難しいかもしれません。しかしながら、「まだ手元においてずっと守ってやりたいのにこれ以上与えられない」「ここから先は自分の力で人生を切り拓いていくんだよ」という母親の切なる思いは、時代を超えて、子育てに伴う普遍的な感情のひとつと言えるのではないでしょうか。

ひょっとすると、わが子の就職はおろか、結婚しても、孫が生まれても、ずっと親子の距離を変えないで生きていける幸せというのもあるのかもしれません。しかし、それはさまざまな幸運が重なった偶然の賜物と理解すべきでしょう。子育ての目標は、キタキツネにかぎらず、子どもを自立した「個」に育てあげ、別れて生きていけるようにすることです。巣から出ていき、別の巣を築いて生きのびていけるよう仕向けることです。添いとげる夫婦という理想は描けても（人生一〇〇年時代にはこれも問いなおす必要がありそうですが）、添いとげる親子などありえません。「別れ」という視点から子育てを見つめてみることは、時代は変わっても、変わらない子育ての本質を思いださせてくれるきっかけになるはずです。

別れの痛みに耐えるレッスン

自分自身の経験をふりかえってみると、第1章でも書いたように、私がわが子と出会いたいと願うようになったのは、実母との別れ（死別）からでした。いざ、子どもが生まれてからも、外で働くことが好きだった私は、ほぼ産休明けから物理的にわが子と毎朝別れ、夕方再会するという日常を送りました。娘たちはものごころつくと、周囲のすべての子どもたちがそのような別れを経験しているわけではないと気づいてさまざまに抵抗を示しましたが、私は多くの助け手に恵まれ、母親につきものの罪悪感にうちのめされることなく、最初の数年間をなんとかすごせました。

つながっている絆を大事にする日本文化の子育てにおいて、とりわけ専業で子育てをしている母親がこの「別れ」のレッスンを受けるのは容易ではありません。外で収入を得ていないのに、お金を払って子どもをシッターに預けて自分のしたいことをするなどという行為は、世間的に認められないからです。世間とは、行政の制度であったり、実際の夫や親の意見であったり、近所の人の目であったり、内在化された自分を責める声だったりします。

一方の、自立を大事にする欧米文化の子育てにおいては、赤ちゃんのときから母子別室で寝かしたり、誰かに預けてカップルで出かけたりするようながされるので（これも世間の圧力と言えるかもしれません）、早くから別れのレッスンを受けることになります。泣いているわが子を別室に寝かして、なにも感じない親はいないでしょう。欧米の子どもが早く自立的に成長するように見えるのは、日常生活のなかで早くから親子が別れの痛みに耐える訓練を積み重ねているからにほかなりません。

「今日からひとりで寝るから！」

さて、そのような異文化の子育ても見聞し、早くから娘たちを預けて仕事をしてきた私ですが、そのなかでも三つの特別な「子別れ」のシーンを思いだすことができます。

ひとつ目は、次女が前思春期を迎えた節目のときです。

長女が小学校中学年の頃、引っ越した家に子ども部屋をつくり、二段ベッドをおきました。長女が上、次女が下です。子どもたち二人で寝てくれると期待したのですが、次女はふとんに川の字で寝ていた赤ちゃんのときから私の手を握っていないと寝つけないたちで、仕方なく狭いけれども下の段で私が一緒に寝ることにしました。しかし、長女が高学年になると、そのベッドではひとりでも狭くなり、上の段から柵を越えて床に落ちるというアクシデントも起きたため（夜中、大音響とともに大の字に落ちてそのまま寝続けようとしたつわものです！）、ベッドを一段にし、別の部屋に次女の寝床をつくったのですが、ひとりで寝るのを嫌がり、その後は親の寝室のベッドに来て寝るようになりました。次女にとっては私の「手」がいわゆる「安心毛布」、つまりスヌーピーの漫画に出てくる男の子ライナスがいつももっている毛布に象徴されるような、安心を与えてくれる特別なモノの役割を果たしていたのです。

気のすむまで安心毛布は取り上げないほうがよいと思い、しばらくはそのままにしていたのですが、次女が小学四年を迎えて少しした頃（春生まれの次女はちょうど一〇歳、近年の小学校では「二分の一成人式」という自分のふりかえりをさせるカリキュラムが組まれる年代です）、急に「こども哲学」の絵本を読みふける、週末に会いに来てくれる祖父を玄関口まで必ず見送りに出る、といった行動の変化が見られるようになりました。第8章でもふれた、次女にとっての前思春期の到来です。「だって、おじいちゃんは死ぬかもしれないし、もう会えないかもしれないでしょ？ だから目に焼きつけておかないと」というのが、急にお見送りをするようになった理由でした。

本の話で言うと、夫婦の職業柄、自宅には絵本、児童文学から漫画、小説、専門書まで、あらゆるジャンルの本が本棚に詰まっています。ちなみに、私が今までで最も熱心に絵本や児童文学を読んだのは、子育て中ではなくプレイセラピー（遊戯療法）のトレーニングを受けていた大学院生時代でした。子どものこころの世界を追体験するには、絵本や児童文学が最高の手がかりだったからです。なかなか言葉にならない思春期のクライエント（相談者）の内界を理解したいときも、相手と同じ漫画や小説を読んでみるのが当時の役立つ方法でした。今ならアニメかゲームでしょうか。

私は子どもに「この本を読みなさい」とすすめたことはありませんが、娘たちはそのつど関心を引いた本を自分で引っ張りだして読んでいたように思います。「こども哲学」の絵本（オスカー・ブルニフィエ著／重松清日本語版監修／西宮かおり訳、朝日出版社）は、『自分って、なに？』『人生って、なに？』『きもちって、なに？』（二〇〇六〜二〇〇七年。新版あり）などのシリーズから成り、私は次女が、思考の次元では大人の世界に参入したことがわかりました。実際、「私って、なんでここに生まれてきたんやろうとか、考えてる」と言い、ひとりでいることをこわがるようになりました。いつまでも当たり前のようにそばにいてくれると信じていた親や祖父も、そして自分も、無限のなかの有限の時間を生きており、いつ「別れ」が起きてもおかしくないというコスモロジー（世界観そして死生観）が拓けたということです。

次女が新たな成長段階に入り、親を対象として眺め、分離する時期が近づいてきたことを私は感じ、連休明けに、寝床をつくった部屋をさらに次女用に模様替えして、ひとりになれる空間を準備しました。しばらくはそこへ行く気配がありませんでしたが、夏休み明けには、私の手を離して眠るようになりました。さらに、年が明けた次のお正月、次女は「今日からひとりで寝るから！」と突然宣言して自分の部屋へ行き、二度と私のベッドに戻ってくることはありませんでした。子別れというより、見事な「親別れ」のシーンというべきかもしれません。取り残された私のこころは寂しさでいっぱいになりましたが、不思議と一週間もたたないうちに、その事実を受け入れました。

あとはあの子の人生

二つ目と三つ目は、長女と次女がそれぞれ高校生のときです。それぞれの背中をガラス越しに見送ったシーンの鮮明な記憶は、きっと生涯忘れられないでしょう。

長女は耳がよく、小学校の頃から好きな洋楽を聴いて習得した英語力が役に立ったのか、中学三年の終わりに学校から参加したあるスピーチコンテストで優勝するという経験をしました。その特典として、コンテストの主催校が交換留学制度をもつスコットランドのインターナショナルサマースクールに、高校一年の夏一か月ほど無料で参加できる機会をいただいたのです。条件は、「ひとりで行って、各国から来ている生徒たちと一緒に寮生活する」ということでした。ヨーロッパ、アラブ、アジア、アフリカなどの各国の小学生から高校二年までの子どもが何十人か集い、親から離れて異文化交流体験を集中的にもつのが主な目的です。現在はコロナ禍と言われますが、その年（二〇〇九年）も豚由来の新型インフルエンザが世界的に流行し、途中で寮から引きあげて帰国する生徒も何割か出たなか、長女は「帰らなくていいよね？」と一言、国際電話で親の同意を求めたきりで、あとは生まれて初めての活動を満喫して帰ってきたのでした。

幼い頃から迷子や忘れ物の常習だった長女をひとりで海外に行かせるのは、私にとってとても大きな挑戦でした。いつも家族旅行を手配してくれていた近くの旅行代理店の女性は、乗りつぎの巨大なハブ空港で迷子になり乗り遅れないようにと、日本語の詳しい地図を準備してくれました。私も一緒に成田空港まで行き、手続きをし、いよいよ出発の手荷物検査場に着くと、そこから先は搭乗者しか入ることができません。ガラスの向こうから長女は明るく手をふり、そのままエスカレーターで出国手続きのフロアへ降りていきます。私はその姿が視界から消えるまで見送り、近くの椅子に座って電光掲示板を見つめ、搭乗機が“on boarding”から“departed”という表示に変わってさらに一〇分ほどたつまで、胸の苦しいような緊張感とともにじっと座っていました。

そのとき脳裏をよぎったのは、小学校に上がるか上がらないかの頃、ひとりで自転車に乗って初めて友だちのところへ遊びに出かける長女の後ろ姿を見送ったときのことです。無事に帰ってこられるだろうか、交通事故にあったらどうしようという恐怖を、「いや、私は親として教えることはちゃんと果たした。あとはあの子の人生だ」と自分に言い聞かせることで必死に耐えていました。一〇年たったこのときも、高ぶる思いは同じでした。そうして、もう搭乗機は引き返してこないことを確認すると、私はほっと脱力して帰途につきました。

次女は、勉強して公益財団法人の派遣留学の試験に受かり、高校二年で一年間のアメリカ留学に発ったのですが、子別れの場面は同じく成田空港でした。自立した人間形成を目的とするプログラムの性質上、途中で親が留学先を訪問することは禁じられており、また電話や手紙も控えるよう指示されていました。最後の子どもがいよいよ自分の知らない世界へ飛びたっていくというのは、最初の子どものときとはまた異なる重みのある別れの体験です。もうあとには、誰も残らないからです。

いよいよ手荷物検査場の前でお別れ、という段になって、次女は「飛行機が飛んでから読んでね」と一通の手紙をリュックから取りだし、私に手渡しました。前泊した空港近くのホテルで、私が眠ったあとで書いたもののようでした。このときも、ガラスの向こうで手をふるわが子の姿を見送り、電光掲示板の“departed”の表示を待ってから封を開けました。入っていた一枚の便箋には、「お母さんへ」という出だしで、大人の言葉で感謝が綴られていました。

次女が高校であえて長期留学を目指したのには相応の理由（きょうだい葛藤だけではない複雑なもの）があったのですが、その目標をぶれずに追求することでこころが自立し、「私」というものができて人と比べずにすむようになった幸せについて書かれていました。前日、地元の空港まで、想像を超える大勢の友だちが見送りに来てくれたことも、彼女を勇気づけたにちがいありません。めったに（とくに人前では）泣かない私ですが、さすがにこの瞬間は、こみあげるものを抑えることができませんでした。ああ、子育ては終わったんだなと感じました。寂しさと誇らしさの混じった、なかなか言葉では言い尽くせない子別れの最終レッスンでした。

子別れの儀式

子どもから「別れ」の契機をつくってくれたのが私の場合だとすると、親から子別れの儀式を演出する方法もあるのではないかと思います。

最後に紹介したいのは、土堤内《どてうち》昭雄さんというシングルファザーが書かれた『父親が子育てに出会う時――「育児」と「育自」の楽しみ再発見』（筒井書房、二〇〇四年）です。土堤内さんは、二人の息子さんたちが三歳と二歳のとき離婚して、私よりも数年早い時期に、会社勤めをしながら実家や妹夫婦の助けを借りて子育てをされた人です。そのコミットが半端でないことは、子育てをはじめてまもなく、自分自身が子どもを出産する夢を見たというエピソードからもわかります。同書は息子さんたちが高三と高二になるまでの一四年間の記録なのですが、単なる育児記録ではなく、「父親になる眼」（小さいいのちを育てる立場の視点）から見た現代社会論としても読める内容です。

そのなかで、参考にしたいのは、土堤内さんが二人の息子さんたちの中学卒業後の春休みに、それぞれ「親子の卒業旅行」と称して、親子二人で海外旅行へ出かけておられるというくだりです。長男のときはテロで倒壊したニューヨークの貿易センタービルの跡地グラウンドゼロへ、次男のときはローマのコロッセオやバチカン宮殿へ。いずれも悠久の長い歴史と、形あるもののはかなさを目に焼きつける意図が含まれていそうに思います。海外でなくても、もっと身近な旅でもよいでしょう。また、旅でなくても家族で記念写真を撮る、記念の会食をする、といったイベントでもよいでしょう。親と子がお互いに子育ての終わり、すなわち「別れ」を意識する機会をもつことに意味があるのです。

そして、別れは出会いのはじまりです。娘たちはその後も交互に家に戻ってきたり、出ていったりしていますが、そこにあるのは以前とは違う大人同士のもっと自由な関係です。あらためて、この境地に至るまでのさまざまな色合いと濃淡の感情を経験する機会を与えてくれた娘たちと、その子育ての過程をともにしてくださった人々に、こころから感謝したいと思います。

第14章 子育てのゴール

ひとりでいられる力を育む

終わらない子育て

親と子の関係は、生涯続きます。たとえ事情があって、離別することがあっても、こころの次元での特別なつながりが終わることはありません。

一方、子育てには「終わり」があります。

子育ての営みは、わが子が自立して親と別れて生きていけるようになることを目標（ゴール）としているはずです。しかしながら、長寿で少子化の時代を迎えた現代のわが国では、体力的にも経済的にも親がひとりひとりの子どもを長く支えることが可能になっていて、「終わる」タイミングや方法を見いだすのが難しくなっているという問題があります。子どもが高校を卒業したら、ひとり暮らしをはじめたら、二〇歳になったら、就職したら、突然子どもが自立して子育てが終わるわけではありません。第13章では、それに対するひとつの工夫として、子育てにおいて早くから「別れ」を意識し、それぞれの親子のタイミングで儀式を演出してみることをあげました。

このようなことを考える一番のきっかけになったのは、長年携わってきた学生相談での経験です。二〇〇〇年を過ぎたあたりから、私は大学の相談室で出会うおかあさん、おとうさんが、しばしば「子育て現役」の意識をもち続けておられることに気づくようになりました。保護者に向けた懇談会を大学が開催すると、毎回多くの参加者があります。子どものことでなにか心配があると、個別の相談を申込み、学部や学科の教職員が対応します。そこから相談室を紹介されてやってこられる場合もあれば、自ら大学のサイトで調べて予約される場合もあります。ほぼ例外なく、これらのおかあさん、おとうさんは、学生生活を楽しめないように見えるわが子の現状や将来を心配し、なんとかしてよいほうへ向かわせたいと一所懸命です。カウンセラーに向かって、まるでそれがわが子の気持ちであるかのように、諦めきれない卒業への期待を語ることもあります。自分から動かない子どもに代わって、就職活動の計画を立て、求人情報をチェックし、「この子に合う就職先はどこですか？」と尋ねてこられることもあります。

もちろん、これが現代の標準だと言いたいわけではありません。広く社会の子育て状況を見渡せば、崩壊家庭やネグレクトなど子育て放棄の問題のほうが深刻だという考え方や、より多くの親子は現代の状況に合った適度な距離を保って豊かに生活しているという見方もできるでしょう。

ただ、子育てに必死に取りくむあまり、つらさを抱えてしまう（そしてこれから抱えるかもしれない）おかあさんに向けて、私は子育ての「終わり」を決めることを提案してみたいと思うのです。

曖昧な大人の条件

みなさんは、どのようなゴールを子育ての「終わり」として思いうかべますか。

子どもが「大人」になれば子育ては終わると考える人もいらっしゃると思いますが、大人の条件とはなんでしょうか。

前近代の社会なら、思春期を迎えて生殖可能になった子どもに、それぞれのコミュニティが伝承してきた大人になるための儀式（イニシエーション）を課し、一定の試練をくぐりぬけることによって「大人」という新たな社会の成員になったと認めるしくみがありました。今ではアトラクションのような扱いになってしまった「バンジージャンプ」は、南太平洋で行われていた成人式で、その典型です。バンジーほど命がけではありませんが、わが国でも、江戸時代の武家の「元服」や「成女式」などの通過儀礼が知られています。十代前半から半ばぐらいの年代で、名前を変え、髪型を変え、着物を変え、周囲にお披露目することをとおして、昨日までとは異なる親子の関係に移行したこと、もうもとには戻れないこと、すなわち親にとっては子育ての「終わり」を、可視化していたのです。

しかしながら、現代社会では、生物的な次元での成熟と、社会的な次元での成熟の時期がどんどんと開いていっています。かろうじて「入社式」に大人への通過儀礼の名残があると言う人もいますが、入社式がかつてほどのイニシエーションの意味（別の存在に生まれ変わる儀式としての重大さ）をもっているとは思えません。また、いわゆる「社会人」になっても、親の住む実家から通い、身の回りの世話や経済的援助を受け、学生時代とあまり変わらない意識をもち続ける若者もいます。このような場合、子育ては終わりの見えないものになりがちです。

ときに、社会で傷ついた若者が家にひきこもってしまうと、親は大人になったわが子を何十年にもわたって養い、保護し続けるような事態も生じます。「私がなんとかしてやらないと」という頑張りが、結果的には親と子の双方を追いつめてしまうことは、ときどき報じられる、老年期の親と中年期のひきこもりの子どもの悲しい事件からもわかります。「大人」というのは、現代の子育てのゴールにすえるには曖昧すぎる概念かもしれません。

人生一〇〇年時代の自立とは

では、本書にもしばしば登場し、現代の教育の目標としてもよく掲げられる「自立」はどうでしょう。

自立もまた、文脈によりさまざまな意味で用いられる多義的な言葉です。

「自分で食べていけるようになる」という社会的・経済的な次元での自立は、たしかにわかりやすいひとつの子育てのゴールだと思います。しかしながら、人生一〇〇年時代の今日、かつてのように、一度形成した社会的なアイデンティティによって老年期で引退するまで生きていける人は、少数派になりつつあります。たとえば大卒後、若者が能力を発揮できるＩＴベンチャー企業で忙しく働いたとして、そのスタイルが老年期まで通用することは稀でしょうし、企業自体がそのまま存続しているともかぎりません。

わが国の政府が「人生一〇〇年時代構想会議」を二〇一七年に設置する直接のきっかけになった、イギリスの心理学者・経営組織論者であり実務家でもあるリンダ・グラットンがアンドリュー・スコットとともに執筆した『LIFE SHIFT（ライフシフト）――一〇〇年時代の人生戦略』（池村千秋訳、東洋経済新報社、二〇一六年）に基づけば、二〇〇七年に日本で生まれた子どもは一〇七歳まで生きる確率が五〇％です。そのような時代には、これまでの「教育～仕事～引退」という三ステージでは足りず、いったん形成したキャリアで自立しても、途中で何度か教育を受ける段階に戻り、その後また別のキャリアで生きていくという「マルチステージ」が一般的になると予測されているのです。

政府は、定年年齢を段階的に引きあげ、七〇歳までの雇用を事業主の努力義務にすることを決定しました。私が子どもだったころ、親の定年は五五歳でしたが、一世代へる間に一五年延びることになります。今後は、準備にゆっくり時間をかけ三〇歳を過ぎてから初めて職に就こうとする人や、定年を待たず中年期のどこかで退職し、しばらく貯蓄や公的な支援の制度を用いて学ぶ生活を送る人がわが国でも増えていくかもしれません。

そもそも、欧米では定年制度がない国のほうが多いことをご存じでしょうか。いつからいつまで働くかは個人の主体的な選択に委ねられており、いったん働いてから大学に行く人も珍しくありません。一八歳か一九歳で大学に入学し、卒業時に定年まで働ける会社への就活が終わっているかどうかで人生が左右されると思いこむ人の多いわが国とは大きく異なります。それゆえ、欧米の人が予測するライフシフトがそのままわが国でも起きるとは思いませんが、グローバル化した時代を生きるこれからの子どもを育てあげるにあたっては、「就職＝自立」という固定観念から解放されておくに越したことはないと言えます。

自立という状態を表す英語には、independent, self-dependent, self-reliant, self-sufficient などがあります。また independence には「主体性」という訳語が当てられることもあります。ここから、自立とは、こころの次元で理解すると、自分を信頼し、自分で自分を満たすことができ、他者ではなく自分自身をよりどころとして意思決定ができ、主体的に生きている状態を指すと考えることができます。

かりに仕事に就いて、十分な収入があり、経済的には自立している場合でも、こころが自立していなければ、いつも不安で、依存する対象（人やモノ）を必要とし、ときにはアルコール依存や買い物依存、ゲーム依存などのような不健康な状態を招くことにもつながります。逆に、さまざまな事情で経済的な自立を果たせていなくても、社会や家族のなかで、自分らしく生きられている人はいます。

自分のこころを抱えられること

私は、子育てのゴールは、こころの次元での自立だと思っています。もちろん、こころの自立は生まれてから長い年月をかけて段階的に獲得されていくものですが、その状態が十分に達成されたときが子育ての終わりではないかと思うのです。

こころが自立しているとはつまり、自分のこころを自分でちゃんと抱えられるということです。自分のなかに動く感情や衝動や欲求をできるだけ自分で理解し、それに基づいてどうするかを選択して行動し、その結果を自分で引き受けられるということです。また、自分では対処できないときはその限界を受け入れ、必要な助けを他者に求められるということです。自分のこころをちゃんと抱え、理解できる人は、他者のこころも理解し、尊重することができるはずです。

娘たちが高校生のときひとりで海外に旅立った「別れ」のシーンについて第13章で書きましたが、ふりかえってみると、あれが私の子育ての終わりだと思うのは、たんにわが子がひとりで物理的に遠くへ離れていったからではありませんでした。娘たちは自分で選択し、行動し、そして遠くの地で多くの困難に遭遇したでしょうけれども、一度も不安や弱音を親にもらすことがなかったのです。とくに、日本人のいないアメリカの田舎町で、シングルファザーの家庭に一年間ホームステイした次女が帰国して後日談として聞かせてくれた苦労話からは、渦中の大変さが想像に余りありましたが、親以外の大人や仲間に支えを得て乗りこえた様子がうかがえました。別れのときには高ぶっていた思いが、「もうここから先は大丈夫」という静かな安堵に変わったときでした。

心理学と哲学を専門領域とする著述家の山竹伸二さんは、自らの七歳と三歳の二人の娘を育てる経験をとおして考えたことを『子育ての哲学――主体的に生きる力を育む』（ちくま新書、二〇一四年）という本にまとめておられます。「哲学」という題がついているとおり、子育てはなんのためにするのか、子育ての本質はなにか、という問題意識からさまざまな問いを立て、思索していくスタイルをとっています。しかし、決して観念的ではなく、子育てにどっぷりはまったらしいおとうさんの視点から書かれていて、わかりやすく、とても共感できる内容です。

山竹さんは、子育ては子ども自身の幸せのためになされるべきであるという価値観を土台に、幸せに生きられるとはどういうことかと思索を進めます。そして、子どもの幸せは、子どもが自由に生きられることのなかにあり、自由に生きられるためには、「主体的に意志を決定できる」

内的条件が必要である、つまり「主体性」が育まれていなければならないと結論づけます。ここでの主体性とは、私が「自立（independence）」という言葉で表そうとしているこころの状態と同じです。山竹さんは、子どもは育てられる過程で、まず感情の主体となり、次に欲望の主体となり、最後に理性の主体となって自由に生きられる主体性を獲得すると言います。理性の主体になるとは、客観的に他者の視点で自分のこころを理解し、抱え、コントロールできるようになるという意味です。

ここまで来れば、子育ては終わりです。経済的・現実的な支えはまだまだ必要だとしても、それは親と子の双方の合意に基づいた自由な選択の結果として続けられるべきでしょう。子育てのゴールを迎えたら、それを確認できる旅行などの儀式を行うのもよいし、親子の会議を開いて、ここから先どこまで支援が欲しいのか、なにをしてほしいのかを子どもに話してもらい、また親からはなにがどこまでできるのかを率直に伝えるのもよいと思います。できないことをできると空約束したり、できることをできないと脅かしたりすることは禁物です。高校生ぐらいでは、親が不安に感じるようなプランが語られることも多いでしょう。それでも、わが子の幸せは子ども自身が主体的に選びとる人生にあるという山竹さんの子育ての哲学を思いだし、親が思う幸せを押しつけることを自戒できたらと思います。

ひとりでいられる力

最後に、どのようにすれば子どもがそのような主体性を獲得できるのか、自分で自分のこころを抱えられるようになるのかについて、もうひとつヒントを紹介してみます。

生まれたときは、自他の区別もなく、おかあさんと融合したこころの状態だった赤ちゃんは、養育者に情動調律される経験を重ねて自らの感情を分化させ、やがて自我が芽生え、自立への欲求の最初の発露である反抗期をへて、「わたし」という主体的な感覚を育てていきます。二歳後半から三歳頃になると、子どもは自分を守ってくれる養育者（たいていは母親）のイメージをこころのなかにとどめておけるようになり、実際に母親がそばにいなくても、安心してひとりでいられるようになる時間が増えていきます。たとえば、台所で母親がなにかしているときに、隣の部屋で積み木を積んだり絵本を見たり、空想に耽るのに没頭していたりするような場面です。

本書で何度か紹介したイギリスの小児科医ドナルド・ウィニコットは、幼児期の子どもの発達において重要な課題のひとつに、この「ひとりでいられる力（capacity to be alone）」の獲得をあげました。私は、この言葉がとても好きです。ウィニコットは、「一人でいられる能力の基盤は逆説である。それは誰か他の人が一緒にいるときにもった〝一人でいる〟To Be Aloneという体験なのである」と言っています（D・W・ウィニコット著／牛島定信訳『情緒発達の精神分析理論』岩崎学術出版社、一九七七年)。自分を守ってくれる人が呼べばすぐ来てくれるところにいることを感じつつ、ひとりでいるというのは、とても豊かな孤独の体験です。そのようなひとりの体験をくりかえすことによって、こころのなかに、安心できる他者のイメージが根づいていくのです。自立したこころのなかには、安心できる他者の像が棲んでいて、ひとりでいてもひとりぼっちではありません。やがて成長して、自分で自分のこころを抱えていられるようになるためには、幼児期にこのようなひとりでいられる力を育んでおくことが必要だということです。

現代では、子育てに熱心なおかあさんほど、子どもがひとりで同じ遊びをくりかえしたり、ぼーっと空想を楽しんだりしているのをそのままにしていることが難しいように感じます。それよりは、時間を無駄にしないようにと向きあってなにかを教えたり、お稽古事に通わせたりしがちではないでしょうか。こころの自立を子育てのゴールに定めるとき、幼少期から、その成長年齢に合ったひとりの時間を大切に考えてみることは、きっと子育ての風景を違ったものに変えてくれることでしょう。

そして、子どもが豊かなひとりの時間を生きられるようになるには、おかあさんもまたひとりでいられる力を備えていることが必要です。もし、いつもわが子が目の届くところにいないと不安だったり、母親を好きでいてくれるか心配で仕方がなかったりする自分に気づいたら、ときどきあえてひとりの時間をつくり、カフェに出かけて好きな本を読んだり、散歩して鳥の声に耳をすましたりしてみてください。もちろんスマートフォンはカバンのなかにしまって。

第15章

育てあげの風景

自分の人生を生きる

現代を生きる女性にとって、子育てとはなんでしょうか。なぜ、子どもを産み育てるのでしょうか。

本書をここまで読んでくださった方なら、きっとそのような問いを一度はこころのなかでつぶやいたことがあるのではないかと思います。私が娘たちを育てた一九九〇年代から二〇〇〇年代にかけては、一九九〇年に注目された「一・五七ショック」に続く時代で、女性が生涯に産む子どもの数（合計特殊出生率）がどんどん減り、政府は少子化対策に本格的に取りくみはじめた頃でした。どうすれば女性は子どもを産む気になるのか、というのが政府の立てる問いでしたが、ひとりひとりの立場からは、「なぜ、私は子どもを育てようと思うのだろう?」と問うことでした。

子どもを産み育てる理由の国際比較

子どもをもちたいと思った私の個人的な動機については、第1章に書いたとおりですが、実際に子育てをはじめてから、あらためてこの問いへの答えを国際的な意識調査（たとえば総務庁青少年対策本部による「日本の子供と母親―国際比較―（改訂版）」（一九八七年）や、「子供と家族に関する国際比較調査の概要」（一九九五年））の結果から探してみると、おもしろいことが見えてきました。詳しくは、『育てることの困難』（高石恭子編、人文書院、二〇〇七年）に掲載した論文のなかにまとめています。

要点を抜きだすと、フランスやイギリスなど個人主義が浸透している西欧の国では、子どもを産み育てるのは「楽しいから」「自分が成長するから」といった理由を選択する割合が高いのに対し、家族や一族を重視するタイや韓国といったアジアの国では、「家の存続のため」という理由を選択する割合が突出して高いのです（もっとも、韓国は一九九五年の調査では大きく傾向が変わって、「家の存続のため」の回答率が半減し、「楽しいから」が六割以上に増え、欧米と似た特徴を示していま す）。それらに対して、日本人の意識は、どちらの文化圏とも異なる独特のパターンを維持しているのです。

二度の国際比較調査いずれの結果でも、日本人は「自分が成長するから」という西欧型の価値観を反映した選択肢への回答率が高い一方、「楽しいから」という選択肢への回答率が低いままです。つまり、子育ては自分の成長のために主体的に選択して行うものだという欧米的な個人主義の価値観をもっているにもかかわらず、楽しくはない、あるいは楽しいからやるという答えを選んではいけないという社会規範があるのではないかと推察されました。

その後、政府はさまざまな少子化対策を推進し、私が子育てした時代に比べれば、社会が子育てを支えるしくみは徐々に整ってきていると感じます。それでも少子化は止まらず、児童虐待の相談対応件数が上昇の一途をたどるわが国の現状を見ると、なかなか変わらない私たちの「こころ」にもっと注意を向けていく必要があることは確かです。「自分の成長のために」主体的に選びとる子育ては楽しいですよ、という「子育ては楽しい」キャンペーンが少子化対策としてあまり実効性をもたないように見えるのは、二一世紀の今日でも、私たち日本人のこころの奥深くに、「子どものために尽くすのが喜びのはず」という自己犠牲的な母親観が脈々と生き続けているからかもしれません。自己犠牲が楽しいわけもなく、そのために子どもを産み育てようとは誰も思わないでしょう。

社会的自立の夢を娘に託した母

私自身の母親は田舎の農家に生まれ、「女に教育はいらない」という戦前・戦中の価値社会に育ち、一度も社会で働くことなく結婚して家庭に入りました。そして、思うように生きられなかった自分の夢を、当時の多くの女性と同様に、次世代の娘に託しました。子育ての方法は、戦後アメリカから導入され、わが国でもブームになった「スポック博士」式。子どもの早い自立をうながすために、母乳に頼るな、添い寝はするな、抱き癖をつけるな、というやり方でした。赤ちゃんがいくら泣いても、粉ミルクを定量、決まった時間（たとえば三時間おき）に与えるのが理想とされ、私もそのように育てられました。ただ、おかあさん仲間に「もらい乳」した話も成長してからよく聞いたので、完全母乳育児に邁進する現代の母親に比べれば、そこまで完璧主義ではなかったかもしれません。それから、これまでの章でも書いたように、さまざまなお稽古事に通わせ、私を「手に職をつけて自立した女性」に育てあげようとしました。娘の教育に充てる費用を捻出するために、私が成長して世界を拡げるのとは反比例するように次第に質素になり、「自分は外に出ないからこれで十分」と言って、破れた服を繕って着ていました。

一方の父親は、『スパルタ教育――強い子どもに育てる本』（石原慎太郎著、光文社、一九六九年）を居間のキャビネットの引きだしに入れ、私を育てる教科書としてくりかえし読んでいました。実際の生活でも子育てに熱心な人だったと思います。ちなみに、当時ベストセラーになったこの本は、封建的で男尊女卑的な内容で、現代の価値観とあまりにかけ離れているので絶版になったままだそうです。

私は、半世紀前の、母親が繕い物をしている姿も、父親が居間で本を読んでいる姿も、おぼろげですが思いだすことができます。当然のことながら、二人の子育ての方針はいつも食い違い、私は板ばさみになるのが常でした。二人ともよい親になろうと努力していたにもかかわらず、残念ながら、最後まで「チーム」あるいは「同志」になることはなかったのです。育児観だけでなく、すべてにおいて二人は対照的でした。結果的に、私のなかには常に両極を想像し、そのなかで「自分は」どうするのかを考えるという姿勢が身についたような気がします。一人っ子では、子どもがどちらかの親に与すると家族のバランスは傾きますから、第三の選択肢をもつことが必要でした。

そうして私は、自分の人生を自由に生きたいと願い、高校から大学へ進むときに決意して、入学後にアルバイトで資金を貯め、一九歳で家を出ました。父親には猛反対されましたが、母親はじっと黙ってなにも言いませんでした。

私の母親は、決して子育てが好きではなかったにもかかわらず、人生の後半はもっぱら「母親」として生きたという現実を、今さらのように突きつけられる思いがします。私が巣立ってからも（別に絶縁したわけではなく、普通に行き来していました）、「もって死なれへん。全部あんたにあげるんやから」というのが口癖で、節約生活を続けていました。そして、私が三〇歳を過ぎてようやく希望の就職が決まり、辞令式に臨んだ四月一日に自宅で亡くなりました。先立つ数年間、闘病していたとはいえ、とても偶然とは思えない人生の終わりでした。社会的自立の夢を娘に託した母は、役目を終えたことに安堵したのかもしれません。

自己犠牲的な母親像を生きるその姿が受け入れがたく、そこから逃れることに必死だった若い頃の私ですが、自分が母親になり、子どもが自立して離れていく時期を迎えたとき、あのとき私を見送った母も、じっとこころの痛みに耐えていたのだということが実感として理解できるようになりました。第13章で述べたように、自立とは、いったん親子のこころの紐帯を切り離すことです。「切る」痛みに耐えずして、親と子の自立はなしえないのです。もしあの頃、私が母の痛みに思いを寄せることができていたら、なんと言葉をかけられたでしょうか。

「これからは自分の人生を生きて。今までありがとう」。

そう言えたらよかったな、と思います。母はまだ四〇代でしたから。ただ、もしそう言ったとしても、ただ困った表情を浮かべるだけだっただろうなとも思います。

私たちが根強い慈母の幻想から自由になり、子育ての豊かな経験をもっと享受できるようになるためには、母親自身がまず自分の人生をしっかりと生きている必要があります。子育てが終わったら、突然自分の人生を楽しく生きられるわけではありません。子育てを天職と感じる一部の人を除いて、子育ては長い人生の何分の一かの期間に取りくむことがある女性の多様な経験のうちのひとつととらえるのが適切です。「自分」が生き生きと楽しくすごせていなければ、その一部である「母親としてのわたし」も生き生きと子育てできるはずがないでしょう。母親のなかに個人としての女性があるのではなく、個人としての女性のなかに母親がある。

このような「おかあさんの見方」に向けて、人々の集合的な意識、あるいは無意識を含めたこころが変わっていくためには、観念的なレベルでの議論にとどまらず、ひとりひとりの行動が変わっていくことが必要です。私は、その「ひとり」の実例でありたいという使命感のようなものも抱いて、娘たちを育ててきたように思います。今、この地点にたどりついてみて、娘たちがいたからできた経験はたくさん思いうかびますが、いたからできなかったことはほとんど思いつきません。

子育てを社会で可視化する

ふりかえってみて、挑戦だったなと感じるのはこんな場面です。

私は海と水平線を見て育ち、遠くへ行きたいという憧れを人一倍もっていた子どもでした。学生時代からは、国内外を問わず、機会を見つけてはどこかへ出かけていました。そんな流れで、長女が生まれて半年ぐらいのときから、飛行機に乗せて学会出張の仕事にも連れていきました。同業の夫と同じ出張先であることも多く、それが一番合理的な方法でした。歩きまわり、おしゃべりができるようになると、会場になっている大学や会議場の庭で、久しぶりに会った仲間が代わる代わる相手をしてくれました。密かに不快に感じていた人もきっといたと思いますが、あからさまに注意を受けることは一度もありませんでした。なにしろ専門領域が臨床心理学なので、プレイセラピー感覚で娘の相手を楽しんでくれる人を見つけるのは難しくなかったのです。

ベビーカーに座っているのを嫌がるようになった二歳頃の長女を私ひとりで連れて公共交通機関に乗って移動しないといけないときは、子ども用のハーネスをつけリードを握りしめていました。券売機で切符を買っている一瞬の間にも、興味あるものを見つけたらダッシュで駆けだし迷子になる娘のいのちを守るには、その方法が一番安心だったからです。当時、そのようなものをつけて街を歩く母子を見かけることはほぼありませんでしたから、娘をホームから線路に転落させない安心と引きかえに、私は道行く人からどんな視線を投げかけられるだろうという不安と緊張にさらされました。このときも、面と向かって注意や忠告を受けることはありませんでした。きっと、私があまりに必死の形相で歩いていたからでしょう。

次女のときは、妊娠がわかってすぐ、夫が翌年在外研究のため滞在する予定のヨーロッパへ家族で下見旅行に行きました。年配の男性産婦人科医には驚かれましたが、私は過去の自分の経験のなかで、海外では妊婦でも乳幼児を複数連れた母親でも、当たり前のように飛行機に乗って移動している姿を目にしていましたから、とくに心配はしませんでした。さすがに、その国の富士山級の山の頂上まで登山電車で観光に行ってしまわないように（胎児も酸欠になります）という医師の忠告は守り、ひとつ下の駅で家族が下りてくるのを待っていましたが、したくてできなかったのはそれくらいでした。

次女が生まれてからは、二か月で飛行機に乗せ、在外研究中の夫のところへ夏休みをすごしに行きました。その二年前に法律が改正され、赤ちゃんにもひとり一冊パスポートが必要になっていたので（それまでは一五歳未満は親のパスポートに併記でした）、写真室に行ったところ、「ひとりで座れるようになってから来てください」と最初は断られ、どうしても必要なのだと押し問答のすえやっと了承してもらいました。規格のサイズに正面の顔が写るよう、床に寝転がした次女の注意を引くためぬいぐるみをふってみたり、声をかけたり、大人数人がかりで汗だくになって撮影を終えました。五年間有効のパスポートでしたが、五年後にどうやって本人だとわかるんだろう、とみなで笑ったものです。制度が変わっても、どんなふうに使われるかという想定がない、というよりそもそも使われる前提がなかったのではと思います。

その後も、私は自分がしたいことを実現するためにはどんな子育ての工夫があるかを考え、ときには挑戦と思えることも実行してきました。もちろん、ただ無謀な試みをしたわけではありません。乳幼児を連れて渡欧したときも、義母や父、友人などに協力してもらい、常に複数の大人に移動に付き添ってもらえる体制を整え、万全を期していました。

例にあげたエピソードは特殊な例にすぎないと感じられるかもしれませんが、ここには書ききれない日常の無限の場面で、私は同じ発想で小さな決断を積み重ねていたと思います。とにかく、子育てを職場や社会で可視化するために、臆せず子連れで出かけていきました。必要に迫られてという場面もありましたが、それ以上に、自分の人生を生きることを止めたくないという強い思いに突き動かされていました。

自分の人生を生きることと子育てが相反する営みであってはならない。これは、外で仕事をもつ女性にかぎらず、専業で子育てする女性にも、そして現代を生きるすべての人に私が伝えたいことです。美容室でも、趣味や学習でも、娯楽でも、当たり前のように子連れで出かけられて、安全に子どもを預かってくれる社会になれば、幼い子どもを車中や誰もいない家に閉じこめて死なせてしまうような悲劇は起こらなくてすむのではないでしょうか。そして、そのようなときに子どもを預かり、守るコストと責任は、子をもつ親だけではなく社会全体で担うべきではないでしょうか。

子育ての「あがり」の風景

そんなふうにやってきた私の子育てですが、育てあげの風景の今を、最後に記しておきたいと思います。

高校時代にそれぞれこころの自立を果たした娘たちは、「一八歳になったら家を出る（出す）」

という私たち子育てチーム（夫婦）の目標どおり、大学からひとり暮らしをはじめ、物理的にも巣立っていきました。これ以後は、親の支援は当たり前ではないということ、必要な経費を明確にし、どの部分を自分でまかなう必要があるかを考え、追加の支援が必要なときはちゃんと親を説得できる資料を作成して交渉するように、というルールに変わりました。家族が夫婦二人だけになったときは、子育ての「同志」から次の新たな関係性に移行するためのイニシエーションを経験しましたが、私の場合はちょうど入れかわりのように自分の父親の介護が本格化して、空の巣を寂しく思うような時間もありませんでした。

その後、娘たちは卒業などのタイミングで交互に実家に戻ってきたり、出ていったりしていましたが、二〇二〇年初頭から続くコロナ禍の影響で、本章を書いている今は、たまたま二人そろって実家で生活しています。まだそれぞれ自分の追究したいことを学びながら部分的に働いているような状況ですが、もっぱら遠隔授業にリモートワークでは、無理をしてひとり暮らししても仕方ないという判断に至ったのでしょう。

また四人そろったとはいえ、今の私たちの生活は、娘たちに言わせると「シェアハウス」です。たしかに、それぞれが自分のペースで自分の人生を生きつつ、「晩ご飯だよ、集合！」といった形でテーブルを囲み、近況報告の短い時間をへて、終わるとさっと解散するという風景です。そろそろ、頼り、頼られるパーセンテージは逆転しそうな予感です。なにより私は、娘たちが自分の未来に向けて、楽しくもあり苦しくもある日々を格闘しつつ送っている姿をかたわらで見て頼もしく感じています。コロナ禍が落ち着けば、またそれぞれの生きる場所に向かって散っていくでしょう。自分で選びとっていった人生のなかに、おかあさんになることが含まれていてもよし、含まれていなくてもよし。

「育てあげる」と言うと、母親が自己犠牲をして子どもを立派にするというイメージを浮かべる人もいるかもしれませんが、そんな宣言をしたいわけではまったくありません。むしろ、子育ての「あがり」の風景と言ったほうがぴったりです。ひとりの母親の、あるいは一組の親子の実例として、なにか参考になることがあれば、うれしく思います。

あとがき

本書は、女性が母親になり、子育てをする過程で、どのような主観的経験をするのかについて書いたものです。世のなかに根強くはびこる「母親」というものへの幻想や思いこみを取り払い、母親となった女性も、それ以外の人々も、ひとりひとりがみな自分らしくもっと自由に生きられる社会になってほしいという願いを込め、自分自身の子育て経験をとおして考えてきたことを綴りました。本書の試みが、子育てに迷いやつらさを抱えているおかあさんや、そんなおかあさんを支えたいと思う人々にとって、少しでも役立つ味方《ミカタ》になっていれば幸いです。

本書ができあがる最初のきっかけは、さかのぼること二〇一六年の夏、働くおかあさんたちに向けて出した私の編著を読んだ世界思想社の川瀬あやなさんから、「こどものみらい叢書」への執筆のお誘いをいただいたことです。川瀬さんはちょうど第一子を子育て中で、臨床心理学の立場から、叢書に「おかあさんのこころに寄りそう」一冊を加えたいということでした。

ちょうど、次女が大学生になり家を出たところで、翌年度は職場から一年の国内研究期間をいただけるタイミングでもあったので、私は喜んでお引き受けすることにしました。ところが、長年ためていた自分の研究をまとめる作業に思いのほか労力が要っただけでなく、子どもの巣立ちと入れかわりに、離れて住む父の介護が本格化したため、思ったようにはかどりません。そうこうするうちに、川瀬さんは二人目のお子さんの育児休業に入り、私は父を看取り、という双方の事情が重なり、あっという間に三年が過ぎてしまいました。

なかなか筆の進まない様子を見かねてか、育休から復帰した川瀬さんから「毎月のウェブ連載」という奥の手が差し伸べられました。おかげで、そこからは順調に楽しい執筆作業が続きました。

あらためて思うのは、私は誰かと向きあい、その人の求めるものを受けとり、応えようとするときに一番力が湧くのだということです。心理臨床家の性《さが》とでも言うべきでしょうか。「お題」をいただき、私がそれについて思うことを綴って返すと、川瀬さんをはじめ子育て中の編集部のおかあさんたちから「もっとここを知りたい」「こういう場合はどうなのか」と打ち返されてきます。その問いに答えるうち、最初はそんなつもりではなかったのですが、気がつくと、だんだん私自身の子育て経験の語りが内容の多くを占めるようになっていました。そのような経過ででできあがった本書は、ひととおりの子育てを終えた私と、今まさに子育て中のおかあさんたちとの二世代の女性の合作だと言えます。

世代をへて、子育てや家族のあり方はずいぶんと変化しました。雇用や働き方についてはなかなか変わらない部分もありましたが、二〇二〇年春にわが国を襲った新型コロナウイルス感染症は、それらを変える突破口のひとつになりました。しかしながら、母親になった女性に社会が向ける「まなざし」には、依然として変わらぬ頑強なものがあると思います。私がかつて自分自身の子育て中に抱いた疑問や悔しさ、不安や自責的な気持ちは、今の若いおかあさんたちが抱えるそれと、さほど変わらないことを感じます。それは、社会からの変わらぬまなざしと、それを内在化したまなざしで自分を見つめることとの両方が、無意識にはたらくからではないでしょうか。

人の基本的な価値観（人間や世界の見方《ミカタ》）は、思春期までの育ちのなかで形成されます。大人になってさまざまな知識を身につけても、刷りこまれた無意識の価値観は、簡単には変わりません。子どもたちが、もっと自由に、誰もが生きやすい未来の社会をつくっていくためには、社会がおかあさんたちへの見方を問いなおし、変えていくだけでなく、今、子育て中のおかあさんたち自身が自分への見方を問いなおし、思いこみから解放されていくことが大事です。子どもたちが自由で豊かな人間観を培うには、なによりも、今、おかあさん自身が自由でのびのびと生きられていることが必要なのです。

本書の執筆は、私にとって、自分のこれまでの人生をふりかえる作業でもありました。このような機会を与えてくださった世界思想社と、最後まで私を励まし続けてくださった川瀬さんに心より御礼を申しあげます。できあがった原稿は、二人の娘たちにも通して読んでもらいました。長女は「暴露本だ」と笑いつつ、装画とイラストを描いてくれました。次女は、「私ってけっこう、要所要所ですごいことやってるやん」と自分の娘ぶりを再確認した様子でした。ひとつもNGを出さず、寛大なこころで出版を許してくれた二人に感謝したいと思います。「あなたたちにも言いたいことがあるんじゃない？」という私の問いかけに、「あとがきの代わりに、私たち姉妹の座談会をやって載せる？」という答えが返ってきましたが、とても数ページには収まりそうになかったので遠慮することにしました。そのうち、逆暴露本が世に出る日が来るかもしれません。

最後に、本書を私の亡き母に捧げたいと思います。私は母が亡くなった歳を超え、これから先は、足跡のない道を進んでいくことになります。

「おかあさん」の次はなんだろう。今から好奇心でいっぱいです。

著者紹介

高石恭子（たかいし　きょうこ）
甲南大学文学部教授、学生相談室専任カウンセラー。専門は臨床心理学。乳幼児期から青年期の親子関係の研究や、子育て支援の研究を行う。
著書に『臨床心理士の子育て相談』（人文書院、2010年）、『自我体験とは何か』（創元社、2020年）、編著書に『子別れのための子育て』（平凡社、2012年）、『学生相談と発達障害』（学苑社、2012年）、『働くママと子どもの〈ほどよい距離〉のとり方』（柘植書房新社、2016年）などがある。

初出　世界思想社WEBマガジン「せかいしそう」で、2019年12月から2020年11月まで連載したエッセイ「おかあさんのミカタ――変わる子育て、変わらないこころ」に、書き下ろし4本を加えて加筆・修正を行った。単行本化にあたり、「子育ての常識から自由になるレッスン――おかあさんのミカタ」と改題した。

こどものみらい叢書⑤
子育ての常識から自由になるレッスン――おかあさんのミカタ

2021年6月30日　第1刷発行　　定価はカバーに表示しています

著　者　高　石　恭　子
発行者　上　原　寿　明

世界思想社
京都市左京区岩倉南桑原町56　〒606-0031
電話　075(721)6500
振替　01000-6-2908
http://sekaishisosha.jp/

（印刷・製本　太洋社）

ISBN978-4-7907-1756-0

「こどものみらい叢書」創刊のことば

終戦より七十余年を経て、私たちをとりまく世界は大きく変化しています。こどもの生活や教育の問題については、長期的なヴィジョンと個別の適切な対応が必要にもかかわらず、長い混迷状態から抜け出せていません。

私たちには、前の世代から受け継いできたものをより豊かにして次の世代につたえていく責任があります。そのために、いま一度、私たちの行為が「こどもたちの幸せにつながるのか」という視点に立ち戻る必要があるのではないでしょうか。

そこで当社では、さまざまな分野の専門家によるエッセイをとおして、こどもたちについてより深く理解すると同時に、こどもたちの生命と人権が尊重され、かれらが自由に未来を創造できる社会を考察しようと、本叢書を企画いたしました。

こどもは、一粒の小さな種子であり、遙かなる生命の歴史と叡智が詰まった贈り物です。また、こどもは芽を吹きはじめた一本の苗であり、みずから生きていく強い力をもっています。本叢書が、そんな可能性を秘めた小さな命を育む営みに少しでも寄与できればと願っています。

こどものみらい叢書

① おいしい育児
家でも輝け、おとうさん！
佐川光晴
おとうさんが家事と育児をするのが当たり前になれば社会は変わる。主夫として二人の息子を育ててきた小説家が提案する豊かな育児生活。

② お山の幼稚園で育つ
山下太郎
歩いての登園、森の探検遊び、俳句の素読などユニークな実践をするお山の幼稚園。幼児教育の大切さを信じる園長が子ども達の輝く姿を綴る。

③ 子どもが教えてくれた世界
家族社会学者と息子と猫と
片岡佳美
子どもの言い分に耳を傾ければ、大人社会のありようが見えてくる。息子&猫と暮らす家族社会学者が、日常の中の疑問を考えるエッセイ。

④ 遊びからはじまる
松崎行代
子どもにとって生活は遊びそのもの。絵本、紙芝居、人形劇、お絵かき、ごっこ遊び、料理、栽培…。沢山の遊びから子どもの育ちを見つめる。

⑤ 子育ての常識から自由になるレッスン
おかあさんのミカタ
高石恭子
子育ては楽しい？いえいえ、そんな単純なものではない！「母とはこうあるべき」という思いこみをほぐし、別れを見すえた親子関係を考える。

こどものみらい叢書

私を育ててくれた本たち　中島京子
子どもたちに寄り添う現場で　寺尾紗穂
子どもが言葉にであうとき　永田　紅
こどものしあわせ、支えるしかけ　山田　容

以降、続々刊行予定

書名は変更になる場合があります。